村上式シンプル英語勉強法

使える英語を、本気で身につける

村上憲郎

日経ビジネス人文庫

英語は、
グローバル社会を走り回るための
“2台目の自転車”

英語とは“2台目の自転車”。
グローバル社会を走り回るための手段であり、道具です。
私の英語勉強法は自転車に乗る練習と同じ。
鍛えるのは、英語を使いこなすための筋力であり、
知力ではありません。
英語は語学ではなく“語力”なんです。

村上式シンプル英語勉強法の特徴

✓ 必要なことしか、やらない

この本では英語の勉強を「読む」「単語を覚える」「聴く」「書く」「話す」の5つに分け、それぞれの「やるべきこと」をまとめました。この本が薄いのは、「本当に必要なことだけ」に絞っているからです。

✓ スクール、高額教材、勉強机はいらない

やるべきことと同時に、この本では「やる必要なし」「捨てていい」ことについても説明しています。この勉強法では、スクールも高額な教材も、もっと言えば勉強机も文房具もパソコンも不要（厳密に言えば使う場面もありますが)、実にシンプルです。

✓ 英語は“お勉強”ではない

あくまで「自転車に乗る方法」なのだから、英語を頭で考えない。英語を体に覚えさせる。日本語しか知らない体に、英語を使える筋肉を追加していく。これが村上式シンプル英語勉強法の基本ポリシーです。

村上式シンプル英語勉強法のコンセプトは「本当の意味で使える英語を、一気呵成に身につける」

この本で紹介する勉強法と、そのために何をやるべきかについては、以下のとおりです。

Chapter 1　英語を読む

「英語を読む」ゴールイメージ

日本語と同じように英語を読めるようにする。

「英語で読む」ためにすること **300万語読む。**

小説30冊、ノンフィクション15冊相当。本書では、3分の1の100万語を目指す。小説にして約10冊、ノンフィクションで約5冊。読むときは「息継ぎをしない」。

Chapter2　単語を覚える

「単語を覚える」ゴールイメージ

ビジネスで通用する1万語を知っている。

「単語を覚える」ためにすること **毎日1万語を「眺める」。**

単語力をはかり、現在のレベルに合った教材を使ってスタート。

丸暗記ではなく、毎日眺めるのがポイント。

Chapter3　英語を聴く

「英語を聴く」ゴールイメージ

ネイティブが話す普通のスピードの英語が聴ける。

「英語を聴く」ためにすること **トータル1000時間、筋トレ感覚で聴く。**

1日1時間で3年、英語や日本語のテキストはいっさい見ずに、ひたすら耳を鍛える。なるべく難易度の高いものを聴いて訓練、週末にやさしい教材を聴き直すのがポイント。

Chapter 4　英語を書く

「英語を書く」ゴールイメージ

ビジネスでとりあえず通用すればいい。

「英語を書く」ためにすること **「英借文」とブラインドタッチを身につけること。**

英語では作文ではなく、タイプすることが「書く」ことである。

Chapter 5　英語を話す

「英語を話す」ゴールイメージ

まずはパーティーとかで2時間、自分のことがひたすら話せる。

「英語を話す」ためにすること **「あいさつ」「依頼」「質問」「意思表現」「相手の意向を聞く」5パターンの基本表現を覚えることと、自分および自分の関心事で100の英文を英借文し、丸暗記。**

「相手に通じる」英語を発音するための、**簡単なボイストレーニングも行う。**

文庫版はしがき

私が、2008年8月に『村上式シンプル英語勉強法』（ダイヤモンド社刊）を上梓させていただいてから8年が経過しました。幸いにもそれこそ想定外のご評価をいただき、20万部を超えるベストセラーとなり、著者としては望外の喜びでありました。好評の理由は、様々であろうと思われますが、著者としても一番納得している理由は、ある出版社の方に言われた次の理由でありました。

これまでのこの類いの書籍は、「英語の先生」が書いたものがほぼ100%であったが、この本は、「英語の生徒」が書いた本として画期的であった。つまり、「英語の先生」が書くとどうしてもある制約下に書かざるをえないが、「英語の生徒」が自身の体験に基づいて書いたものだから、そのような制約が存在しないため、「英語の先生」としては立場上決して言えないようなことも平然と述べられてあるところが、広範な読者の支持を集めた理由であろうと思われるというご意見でありました。

この度、日経ビジネス人文庫の1冊に加えていただく機会を得て、更に多くの読者の目に触れることを期待しております。原著のPrologueやEpilogueでも述べた通り、この本は、ほぼ40年前、当時31歳だった私の英語ゼロ状態からの体験に基づいているので、文庫化にあたってその体験が変化したわけではないこともあり、変更改訂の必要も特に感じませんでした。ただ、8年前と我が国の英語学習の位置づけが大きく変化したことを受けて、私が最近、日経電子版で連載している「羅針盤NEO」の記事から、その変化に関連した記事を2本、末尾に再録して、「あとがき」の代わりとさせていただきました。

そのポイントは、日本の英語学習は、いよいよ、英語「を」勉強する段階から、英語「で」勉強する段階へと進化しなければならないということであります。文庫版を手にされておられる読者の皆さんは、それこそ英語「を」勉強する段階の真っ只中におられると思われますが、いづれの日にか、英語「で」勉強する段階へと進まれる日の近からんことを、心からお祈りしております。

唯一の改訂としては、原著の末尾につけておいた「おすすめ教材」について、その新版や改訂版が判ったものについては極力更新しておきましたが、漏れがあるかもしれないことをお断りしてきます。

2016年10月

著　者

CONTENTS

Chapter 2　単語を覚える

Chapter 4　英語を書く

Chapter 5　英語を話す

文庫版のための追加章
「英語を」ではなく、「英語で」勉強してみよう！

Prologue
英語が出来なきゃ話にならない

私も英語が出来なかった

今から30年前、私も英語が全然出来ませんでした。勉強を本気ではじめたのは、31歳になってからです。

この話をすると、たいていの人はびっくりします。「え、Googleアメリカ本社副社長の村上さんが、30歳まで英語を話せなかったって？」もしくは「村上さんは帰国子女なのかと思っていました」とか。

よくこういった誤解をされるのですが、事実、私は帰国子女でもなければ、海外留学の経験もありません。

九州は大分県生まれ＆大分県育ちの理系出身で、大学卒業後は日本の電機メーカーにエンジニアとして就職しました。当然、英語を使う機会など皆無に等しく、生まれて初めて海外旅行をしたのも31歳になってからです。

そんな私が英語を身につけようと奮い立ったのは、31歳。

エンジニアとして勤めていた日本企業から、外資系のコンピューター会社に転職したときです。

それも技術職ではなく、営業職を希望しました。自分の中に、技術職だけでは視野が狭くなってきた、ビジネス全体が見えなくなっている、新しい世界で視野をもっと広げたい。そんな何か満たされない思いがあったからです。

そんなあるときに書店で「男を磨くのは営業だ」というキャッチコピーの本を見つけました。これにすっかり感化され、「よし、オレもセールスだ！」と転職を決意したのです。

日本企業から外資系コンピューター企業へ転職をしてみて、人に後れをとっている最たるものが英語力でした。本当に、全然出来なかった。読めない、聴き取れない、しゃべれない。それまで30年間、学校での勉強以外に英語などやってこなかったのだから、当然と言えば当然ですが。

華麗なる転身のつもりが、いきなり壁にぶち当たったのです。

転職して3カ月後、アメリカで研修がありました。実は私にとって、その研修が生まれて初めての海外旅行だったんです。

アメリカ研修前に外国人の教師を付けてもらいましたが、そこで英語を教わっても全然上達しない。英語漬けにもかかわらず、まったくしゃべれるようにはなりませんでした。

研修では、普通の教材（もちろん英語）を読んで、それについて議論するようなものもありましたが、ほとんどチンプンカンプン。周囲が盛り上がっていても意味が分からず「あんなに興奮して、やっぱり外国人も人間だな〜」と思ってた程度だったんです。

日本に戻ってからも、オフィスでは「村上さん、電話ですよ」と、わざと外国人からの電話を取らされたり。そんなひどい目にも遭いました。

コンチクショー！と思いました。でも明らかに英語力が劣っている。問答無用で後れをとっているという事実に直面し続けて、「何かしなきゃ本当にダメだ」「こんなんじゃ仕事にならない」と、さすがに危機感が煽られました。

そこで決意したのです。
絶対に英語を身につけてやる。
本気で「使える」英語をモノにするぞ、と。

英語が出来ないだけで、こんな目に遭うなんてくやしいじゃないですか。
それから発奮して英語をやりはじめたわけです。そこからの3年間は、ありとあらゆる英語勉強法を試しました。そして、試行錯誤、七転八倒の末に編み出したのが、本書にまとめた村上式シンプル勉強法であり、上達法なんです。

英語は“2台目の自転車”である

私は、「英語は学問じゃない」と思っています。
英語なんてせいぜい**2台目の自転車乗りこなし術**です。それ以上でも、以下でもありません。
日本語という“1台目の自転車”にはみんな乗れま

す。しかし英語という名の“2台目の自転車”となると、そう簡単にはいかない。これが小学生の頃から乗り始めているのなら難なく乗れるのでしょうが、大学を出て成人してから乗ろうとすると、それなりの努力と練習をして乗り方を覚えざるを得ません。

まずはなんでもいい、グラグラしていてもいいから、とにかく2台目の自転車に乗れるようになることです。それにはペダルを漕いで前に進むことを体で覚えるしかない。美しく乗ろうとか、カッコいい自転車に乗ろうとか、そんなことはずっと後でいい。自転車の構造云々にしても知らなくていいんです。

だから私の英語上達法にはキレイな英語表現とか、英文法の話なんか出てきません。

英語の勉強は自転車に乗る練習と同じ。鍛えるのは、英語を使いこなすための筋力であり、知力ではありません。**英語は語学ではなく“語力”なんです。**

英語は自転車。**グローバル社会を走り回るための手段であり、道具です。**

だから英語を身につけようという気概と意欲は必要ですが、卑屈になって英語に迎合しようなんて思わなくていい。自転車に乗れないというだけの話ですから。それをしゃっちょこばって「英語様をお学び申し上げる」などと考えるのは間違い。もっとフィジカルに考えるべきです。

さらにいえば、高価な教材、高額の英会話スクールなども不要です。むやみやたらにお金をかける必要などありません。

また、私がGoogleのトップだから、Googleのツールを駆使した勉強法を紹介するのでは……と期待をしていた読者の方には申し訳ありませんが、モバイルやパソコンを駆使した勉強法なども、本書ではほとんど紹介していません。なぜなら、私がこの“2台目の自転車”に乗るための勉強法を編み出したのは30年前のこと。まだパソコンなどなかった時代の話だからです。

パソコンなどなくても英語は勉強出来ます。頭で考えるだけでは自転車に乗れるようにはなりません。体で覚えなければ乗り方は身につかない。

英語も同じです。**英語を頭で考えない。英語を体に覚えさせる。**日本語しか知らない体に、**英語を使える筋肉を追加していく。**これが村上式シンプル英語勉強法の基本ポリシーです。

英語は十分条件ではなく、必要条件

私たちにとって、英語は十分条件ではありません。必要条件です。英語が出来ても出世は出来ませんが、英語が出来ないと出世は出来ない。

それが現実です。

私はわが社の社員に常々「終身雇用など保証しない」と公言しています。そもそも経営者が終身雇用を保証するなどということはあり得ない。そのこと自体が不誠実です。

その代わり「諸君が終身雇用される能力を身につけるということについては最大限お手伝いします」という約束をしています。

これからの若い人たちが就職先の企業で、**“わが社にいてほしい人材”になるには英語力が絶対に必要で**

す。これは間違いありません。

たとえば英語が出来ないまま40歳になった人は、出来る仕事がなくなってしまう。大卒なら22〜25歳ぐらいで入社してきます。40歳まで15年。今から入社するとして、40歳になると2025年ぐらい。そのとき英語を使えずに仕事をしている人の姿を、私は想像出来ません。

今はもうそういう時代なのです。

英語は世界の公用語です。だからグローバル化した社会とコミュニケートするには英語を使うしかない。そのこと自体がいいとか悪いとか、「なんで英語なんだよ」などと言っても仕方がありません。すでに現実として与えられた条件なのです。

確かに、もしかしたら英語でしか国際社会とコミュニケート出来ないのはよくないことかもしれません、しかしその「よくないことだと思う」という主張でさえ、英語で言わなければ伝えられないのが現実なんです。

「どうしてこんな自転車に乗らされるんだ」「世界の人々は無理矢理乗せられてるんだ」と言いたければ、その自転車に乗りこなしてから言うしかありません。

今、世界でビジネス——単にビジネスだけでなく、NPOなども含めた何がしか——をしようとするとき、グローバル化した社会との関係を否定出来ません。そのときに何はなくとも不可欠なのが英語なのです。

英語が出来なきゃ、毎日の情報に遅れる

英語が出来なければ話にならない理由のひとつに、情報の入手が挙げられます。

世界では今何が起こっているのか、その一次情報をリアルタイムで手に入れるには、ある程度の英語力が絶対に必要になります。日本語に翻訳されるのを待っていたのでは、情報が入手出来るまでのタイムロスが大きすぎる。

いくらインターネット上では情報が速いといっても、世界のニュースが日本語に翻訳されるのには最低でも1昼夜ぐらいかかります。つまり次の日になって

しまう。雑誌の日本語版などはそれこそ1週間くらい遅れてしまいます。さらに単行本に至っては、1年遅れ、2年遅れなどはザラでしょう。場合によっては翻訳されないことだってある。アメリカでベストセラーになっても、日本語に翻訳されない本など山ほどあるのですから。

そう考えると、英語が世界の圧倒的な共通言語になり（それがいい悪いは別にして）、英語で出版された本が世界のディスカッションの共通基盤になっている現代においては、英語が出来ないと、それだけで**毎日の情報に後れをとってしまうんです。**

たしかにインターネットで瞬時に世界中の情報が手に入れられる時代にはなりました。しかし手に入れた情報を目の前にしながら、すぐには読めないというのでは、せっかくの情報を有効に使えません。これでは世の中から後れをとる一方です。

世界を相手にコミュニケートするには、世界の情報をリアルタイムに入手し、それを理解するための英語は不可欠。**「出来ません。読めません」では国際社会**

に見放されます。

英語が出来ない日本は“ヤバい”

分かってはいるけれど、日常生活は日本語で十分だから、英語の必要性を心の底からは感じていない。英語の勉強をしなきゃと思いつつも腰が重い。英会話の教材を買ってはみたけれど続かない。こういう人は多いでしょう。実際、若い頃の私もそうでした。

そんな私が30代で一念発起し、真剣に英語をやりはじめたのは「英語が出来なきゃ話にならない。仕事にならない」という追い詰められた状況があったからです。だから必死になって英語を身につける努力をしました。

でもそれは30年前の話です。

時代は変わりました。

英語が出来ない、英語を身につけようとしないことのエクスキューズが「追い詰められた状況にならないから」というのは、今の時代、もう通用しないと思ってください。これからはそんなことを言ってはいられません。

21世紀を生き抜きたいと思っている人、特にこれからの若い人は、英語が出来ないと何も出来ません。**今現在、英語が出来ないということ自体、すでに追い詰められている状態なのです。**そのことに気づいていない人が多すぎます。

たまたま日本は、人口1億2000万人という“そこそこなサイズ”の社会です。その社会にいる分には、日本語さえ分かれば“そこそこの生活”が成り立ってしまう。だから英語の重要さになかなか気づかない。これはものすごく怖いことだと思います。

世界に目を転じれば、中国には13億人が、インドには10億人がいる。ロシアにも数億の人がいます。今、中国の人はものすごく英語が上手になってきています。またインドの人たちはすでに英語で教育を受けている。韓国にしても小学校3年から英語は必須科目です。

もちろんどの国も、全員が英語をしゃべれるわけではありません。しかしグローバルにビジネスをしようという人たちは、もう英語はペラペラになってきているんです。

それどころか、3カ国語以上話せる人もザラにいます。「明日からシンガポール支社に行ってくれ」「来週からドイツに出張へ行ってほしい」。「はい分かりました」と機敏に対応出来る人たちが、世界中にたくさんいるので。もはや英語が出来るということは、なんてことないというのが現状です。

それに比べると日本は……。どこかで手を打たないと、確実に国際社会から置いていかれるでしょう。いや、すでに置いていかれ始めています。

CNNニュースなどでよく見る、さまざまな国の人への街頭インタビューで、英語のテロップが入るのは日本での街頭取材だけです。

「○○の問題について、あなたはどう思いますか？」という英語での質問に、テロップが出るのは東京だけ。バグダッドでも、ローマでも、パリでも、みんなインタビューに英語で答えています。そう、**日本人だけが英語で答えていないんです。**

もうひとつ。

外資系企業では、毎年世界中から従業員や取引先などが一堂に会しての全体会議を開きます。

30年前――私がまだ英語をしゃべれなかった頃――だと、そうした会議の席では、みんなが同時通訳サービスを使っていました。ヨーロッパから来た人、ラテンアメリカから来た人、中国（当時は台湾）から来た人……誰もがイヤホンをつけていた。

では、30年後の現在はどうか。

同じシーンで同時通訳のイヤホンをつけているのは、見事に日本人だけです。**グローバル規模の仕事をしていて英語がしゃべれないのは、世界で日本人だけになりました。**

この一事をとってみても、日本は“かなりヤバい”。英語に関しては、少なくとも世界から取り残されているんです。これは本当に由々しき問題です。

ビジネスマンよ、城島選手を目指せ

日本のビジネスマンは、アスリートを見習ったほうがいいかもしれません。

たとえば女子プロゴルファーの宮里藍さん。彼女は英語が実に上手で、ペラペラです。

彼女の場合、父親が彼女を世界で活躍するゴルファーにすると決めて、英語の勉強もさせていたといいます。「とにかく英語をしゃべれないと、ツアー先で落ち着いてプレーに専念出来ない」ということが分かっていたんです。

またメジャーリーグに行った日本の野球選手にしても同じことが言えます。独学で英語を身につけたという元シアトル・マリナーズの長谷川滋利投手が話題になりましたが、彼らにしても「英語が出来なきゃ仕事にならない」わけですから。

余談になりますが、メジャーリーグで活躍している日本人選手の中では、私はシアトル・マリナーズの城島健司選手がすごいと思っています。同じチームにはイチロー選手もいますし、ほかのチームの松坂大輔投手も松井秀喜選手もみんなすごいけれど、城島選手はさらにすごい。

なぜそう思うのか。
彼らをビジネスマンにたとえると、イチロー選手たちは優秀な営業マンです。でも城島選手は営業マンではなく、セールスマネジャーでしょう。なぜなら、彼はキャッチャーだから。
城島選手は自分で打つ、守る、走るのはもちろん、そのほかの選手も動かしてます。守備位置を変更する、ピッチャーの投げるボールを決めてサインを送る。そのピッチャーの調子が悪ければ、絶妙なタイミングでマウンドに行ってボディータッチをしたり「落ち着け」などと声をかけて励ます……。日本から行った城島選手が、その役割をこなせることがすごいんです。
キャッチャーは野球チームの中ではフロントラインのマネジャーです。軍曹みたいなもの。ダッグアウトにいる監督やコーチは司令官や将校かもしれないけれど、最前線の指揮官は誰かと言ったら、やはりキャッチャーでしょう。
たとえば私がボストンに行って、「レッドソックス」

というコンピューター会社に入ったとします。セールスマンならなんとか出来るでしょう。でも営業部長をやれ、と言われたらそう簡単には出来ません。ネイティブとのコミュニケーションがすべてなのですから。でもそれと同じことを城島選手はやっているんです。

彼は、日本人メジャーリーガーの中では、**一番グローバルかつ組織の要となる働きをしている**と言っていい。そして城島選手こそが、**これからの日本のビジネスマンのあるべき姿ではないか**と思います。

もう遅いなんてことは、絶対に、ない！

「もう40代だし、脳も衰えて記憶力も低下してる。今さら英語なんて無理……」などと言う人がいます。果たしてそうでしょうか？

最初に申し上げたように、私自身、本気になって使える英語を身につけたのは30代になってから。このスタートは決して早いとは言えません。英語に関して長いブランクがあったわけですから。

しかし、遅すぎたとも思っていません。

転職したことをキッカケに英語を身につけて、外資系企業のマネジャーになり、40代後半からは、トップマネジメントに携わって来ました。こんなエキサイティングな人生が待っているとは、**英語が出来なかった20代の頃には想像もしていませんでした。**

2台目の自転車が乗れただけで、こんなにも世界が広がったのです。

「誰でも、どこにいても、努力すれば、勉強すればいくらでも伸ばせる」

これは以前、故郷・大分の講演会で話したことです。

インターネットの普及で、私たちはどこにいても世界中の最新情報を知ることが出来るようになりました。いや、それどころか、世界に向けて情報を発信することすら出来るようになりました。

英語さえ出来れば、大分だろうが、日本だろうが、どこにいても、なんでも出来るのです。

そして、人は正しい努力さえすれば、いくつになっても成長出来るのです。

もう遅いなんてことは、決してありません。
あなたが見ているのは、世界です。
あなたも広い世界の中の一人なのです。

今すぐ、英語を乗りこなして、自由に力強く、自分の人生も乗りこなしていこうではありませんか。

さっそくはじめましょう！

Chapter 1
英語を読む

なぜ「読む」から はじめるのか？

村上式では英語を勉強するときに**「読む」「単語を覚える」「聴く」「書く」「話す」**という5つの側面からアプローチします。出来れば、この**5つをすべて同時に、一気呵成にやったほうが、結果的には効率がいい**はずです。

ですから、**この本の順番は説明の順番であって、訓練の順番ではありません。**でも、英語学習で最も誤解されているのが「読む」です。そういうこともあり、「読む」から説明することにします。

「英語を読む」とはどういうことか?

「英語は読めるけど、話せない」という人がいます。
彼らは本当に英語が読めているのでしょうか?
残念ながら、答えはNOです。
日本人のほとんどは英語を読めていません。
そもそも“英語を読む”とはどういうことなのでしょう? それを正しく理解することから、はじめましょう。

まずひとつのエピソードを紹介します。
25年ほど前、本書に書いたような「独自の英語勉強法」のおかげで、私の英語力は格段にアップしていました。私は当時、日本DECという会社に勤めていたのですが、あるとき、あまりに急速に英語が出来るようになったことに驚いた人事部から、「新入社員の研修のときに、村上さんの英語勉強法の一部を話してください」と頼まれました。
そこで私は、大学卒の新入社員に「英語を読むとはどういうことか」を理解してもらうために、ひとつの方法を試みたのです。

それは、英語で書かれたコンピューターのパンフレットを新入社員に渡し、一人ひとり名指しをして、順番に書かれている英文を1文ずつ訳させるというものです。

最初の人は、当然ながら一生懸命に英文を和訳しようとします。○○ of △△を「△△の○○」などと後ろから訳したりと、きっちり文法どおりに和訳するんです。

たとえば
The first devices that resemble modern computers date to the mid-20th century (around 1940 - 1945).
は、
「現代の計算機に類似した最初の装置は、20世紀中葉（1940年から1945年頃）に日付けられる」。

となります。どうしても「○○の△△の◆◆は、★★である」みたいな感じになってしまいます。でもここでは「よく訳せましたね」ということで、次に進みます。

次の人には、ひとつアドバイスをします。

「今の例だと、first とか、modern とか、computer とか、century は、わざわざ日本語にしなくても分かる単語だったでしょ。次の文章では、そういう**分かっている単語は英語のまま**で訳してください」と。

そうすると

Early electronic computers were the size of a large room, consuming as much power as several hundred modern personal computers.

は、

「Early electronic computers は、several hundred modern personal computers と同じ程の電力を消費しながら、large room の size であった」

といった訳になる。

この方式で、2、3 人に訳させてから、「じゃぁ、その程度の単語の訳でよいから、どうしても英語の語順では言いにくいところは日本語の語順に訳していいけど、**出来る限り英語の語順のままで**」といって訳させるんです。

　そうすると今度は
Modern computers are based on tiny integrated circuits and are millions to billions of times more capable while occupying a fraction of the space.
なら、
「Modern computersは、baseしている、tiny integrated circuitsの上に、and billions of times more capableである、占めながら、fraction of the spaceを」
みたいな訳になってくるんです。
　こんな感じで、さらに2、3人進んだところで、「じゃ、そろそろ英語を読もうか」って。
　たいていの人はキョトンとします。「え、英語を読むって……」と。でもここでカンのいい人だと、「なるほど」と手を打って、ゆっくりと“英語を読み”始めるんです。
Today, simple computers may be made small enough to fit into a wristwatch and be powered from a watch

battery.
なら
「ツデイ　シンプルコンピューターズ　メイビーメイドスモールイナフ　ツーフィット　インツー　ア　リストウオッチ　アンド　ビーパワード　フロームアウオッチバッテリー」
と読むようになるわけです。
いや、失礼。
「Today, simple computers may be made small enough to fit into a wristwatch and be powered from a watch battery」
と。
そして「これが英語を読むということだよ」と。
毎年30人くらい入社する新入社員のうち10人くらいが、「目からウロコが音を立てて落ちた」と言っていました。

さて、皆さんはお分かりですか？
日本人のほとんどが、英文和訳や英文解釈のように

「英語を日本語に訳す＝英語を読む」だと思っていたのではないでしょうか。

でもそれは違います。

英文法に忠実に文章を分解して訳していくのではなく、文頭から英語のままで読む。そして英語のまま理解する。つまり「英語を読む」とは、**英語を、英語のまま、「内容を英語で読む」**ということなんです。

まずそれに**気づくことが、英語上達への第一歩**になるんです。

まず100万語を目標に読む

「英語を読む」とは「英語を、英語のまま、内容を英語で読む」ということ。

それは分かりました。なるほど、目からウロコが落ちたかもしれません。けれどウロコが落ちただけでは英語は読めるようにはなれません。当然ながら本当の問題は、そのためにはどうすればいいのかということです。具体的なメソッドは以降で述べますが、まず目標を立てましょう。

この本で掲げる目標はズバリ、「**日本語と同じように英語で読めるようになる**」です。

具体的で分かりやすいイメージとしては、たとえば東京から大阪まで出張したとします。新幹線の中で『ニューズウィーク』を読みました。新大阪駅に着いて、読み終えた『ニューズウィーク』をゴミ箱に捨てました。エスカレーターに乗ってしばらくして、「あれ、さっき読んでた『ニューズウィーク』、日本語版だったっけ、英語版だったっけ？」と思い出せなくなる……そのレベルに達することです。

文章を読んでいるときには、もはや自分の意識の中に日本語だとか英語だとかいう意識がなくなっている。そんな域に到達することを目標にしたいと思います。

しかし、言うは易く行うは難し。英語も一日にしてならずです。その域に近づくためには、ひたすら英語を読むしかありません。

では、どの程度の分量を読めばいいのでしょう。

私なりに導き出した答えは、単語にして300万語です。これだけ読めば、誰もが"英語で読める"ようになります。ちなみに300万語というのは、小説にして約30冊分。ノンフィクションなら約15冊分に相当します。

「さ、300万語だって！」という声が聞こえてきそうですね。確かに最初からそこまでの目標を立てたのでは、読む前から挫折、という人もいるでしょう。

そこで、最初は3分の1の**100万語**を目指すことにします。100万語ならば、**小説にして約10冊、ノンフィクションで約5冊**。

かなりハードルが下がりました。

では、それらをどうやって読めばいいのか。次は読み方についてお話しましょう。

後戻り＆息継ぎ禁止。ひたすら前へ前へと読む

英文の読み方についてのポイントは２つです。

１つは、パラグラフ（段落）の先頭から読み始めたら、絶対に**後ろへ戻らない**ということ。意味が分からなくても戻ってはダメ。そのまま読み進めます。

そして２つめは**パラグラフの途中で息継ぎをしない**ということ。なぜ息継ぎをしてはいけないのか。それは、ある程度のスピード感を維持して読まないと、読めるようにならないからです。途中で息をしないことで、**一定のスピードを自分に強制する**わけです。

息継ぎをしないのだから、当然、前へ前へと読み進むしかない。後戻りも出来ません。この２つのポイントは連動しているんですね。とにかく１パラグラフすべてを頭から読み通すんです。人間は１分間は息をしなくても大丈夫なように出来ています。だから１パラグラフを１分間で、息をせずに読みきればいい。

「そうは言っても後戻りしない、息継ぎしないのニュアンスが分からない」という人は、**水泳の平泳ぎ**をイ

メージしてください。

英語というプールに入り、平泳ぎのスタイルで文章の中をかき進むというイメージです。もちろん、平泳ぎですから後ろを振り返ることは出来ません。息継ぎをしない潜水泳法で英語のプールを泳ぐ。そういうイメージを持って、ただひたすら前へ、前へと読んでいけばいいんです。

「でもオレは泳げないよ」という人は、**ロープをたぐり寄せるイメージ**で読むといいでしょう。たぐり寄せたロープは手元に溜まるだけで、一度たぐったら終わりです。つまり後戻りしないし、出来ない。

平泳ぎやロープのたぐり寄せをイメージすることで、一度読んだところへは戻らない、息継ぎをしないで一気に読む、という英語を読むときの基本スタイルが身についていくんです。

なぜ息継ぎをしてはいけないのか？

なぜ読むときに息継ぎをしてはいけないのでしょうか？

理由はシンプル。

英語を聴くときと同じ条件で「読む」からです。

実際に英語を聴く場面を想像してください。

誰かが話しているのを、いちいち頭の中で日本語に翻訳していたら、聴き取りが間に合いませんよね？また相手が、しゃべるたびに一語一語、辞書を引きつつ、つまり「Pardon?」など聞き返していたら、コミュニケーションが成り立ちません。

そう、村上式の息継ぎなしの読み方訓練は、“英語を聴く”、つまりリスニング力を鍛える上でも役に立つんです。

詳しくはChapter3でも説明しますが、読むのと違って聴くときには、「of」が出てきたら文法どおり前に戻るなど出来ません。時間軸に沿って言葉が流れ込んでくるわけですから。つまり、**後戻りも息継ぎもしないで読むのは、ある意味、英語を聴くための訓練でもあ**

るんです。

また後戻りしない、息継ぎしないのと同様に、読むときに電子辞書を引いたり、文法書を見ながらというのもNGです。

今は「読む」トレーニングを行っています。

これはすべてのパートで言えることなのですが、「読む」ときは「読む」、単語を「覚える」ときは「覚える」、「聴く」ときは「聴く」。

それぞれ**「今やること」に集中するのが、村上式シンプル英語勉強法の基本ルール**です。

筋トレと同じで、今は腹筋を鍛えるのだから、そこにすべての意識を集中させる。そうやってすべての筋肉を鍛えた上で、総合的に体を作っていくのと同じです。

もしあなたが、読んでも「単語が全然分からない」とか、「文法が理解出来ないので、まったく頭に入らない」のであれば、この後Chapter2で紹介する単語の覚え方とこのChapterの最後の文法のおさらいの仕方を読んで、単語と文法力を鍛えながら読んでいけばいいでしょう。

しかし「まず単語だけ……」では、いつまでたっても「読む」トレーニングに移れません。体にしみ込ませるという意味でも、とにかく、分からなくても、集中して「読む」ことをオススメします。必ず、「あ、読める！」と、手ごたえを感じる瞬間が訪れます。

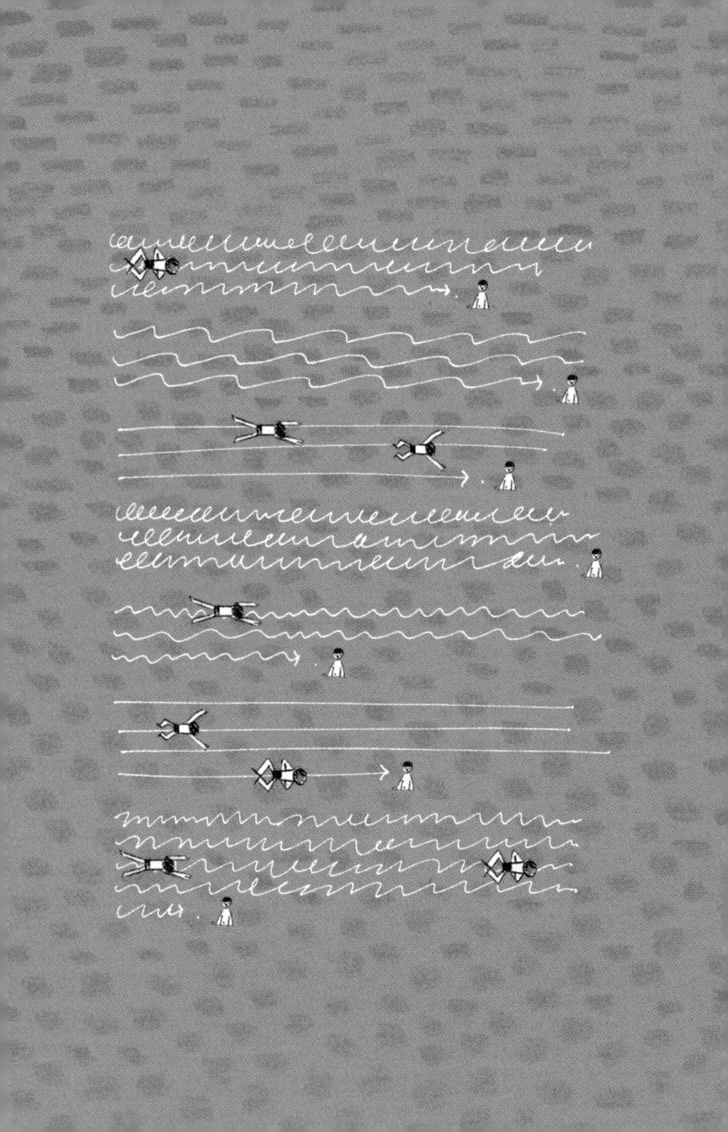

最初は
会話の多い探偵モノを読む

「読めと言われても、何を読めばいいのか分からない」という人のために、教材としてのオススメ作品をいくつか紹介しましょう。

まず、ロバート・B・パーカーという人の『スペンサーシリーズ』。ボストンを舞台にした探偵小説です。これは1ページに約200ワードが使われています。このシリーズは、会話体が多いので非常に読みやすいため読む教材にピッタリです。

ただ会話が多いために、1パラグラフ単位で区切るのが難しい。だから『スペンサーシリーズ』を読むなら、**1ページの真ん中で1回息継ぎするぐらいの気持ちで挑む**といいでしょう。

初心者だと、読むスピードは100ワード／分くらい。ですから1ページの前段を1分、後段を1分で合計2分。これを最初と真ん中の2回の息継ぎで読めばいいのです。

この作品は基本的にサスペンスですから、そこにはさまざまな事件なり出来事が起こります。ただ最初のうちは、読んでいても分からない単語ばかり、1冊読んでも“誰かが殺されて、犯人が捕まったらしい”程度しか分からないかもしれません。

それでいいんです。そんなふうにおぼろげにしか分からなくても、メゲずに読み進めましょう。

「なんか、シンディーさんとかいう人が、多分脅されたんだろうな。で、脅した人は彼女の高校時代のボーイフレンドだったらしい。その犯人が、細かい事情は分からないけれど、最終的には追い詰められて、銃のようなもので自殺したみたいだ……」

誰でも最初はこんなもんです。まるで音声のない日本のサスペンスドラマを見ているような感じですね。でも、それでも読むんです。最初から小説としてきっちり味わおうとするほうが無理というものです。

ところが、こんな具合にロバート・B・パーカーを3、4冊、そして5冊目を読む頃になると、明らかにストーリーを理解するレベルが上がってきます。

たとえば同じ物語でも……、

「お金持ちの奥様になっているシンディー・ヘイワードという女の人がいて、彼女は浮気をしている。そこに元恋人で優等生だったポール・スチュワートという人が現れた。彼は何か人生に挫折しているようだ。ポールはシンディーの浮気を聞きつけて、それをネタに彼女を脅そうとする。ところがシンディーは脅されても『私は今、人生をやり直そうとしているの。だから脅しは私にとって何の意味もないことよ』と言う。ポールはその言葉を聞いて、自分がかつて追い求めた夢をもう一度思い出すんだけど、最終的には警察に追い詰められて、父親が祖父の形見として残していた猟銃を口に当て、足で引き金を引いて自殺してしまう。撃ち抜かれて飛び散った後頭部が後ろの壁にへばりついているのが残酷だった……」

……と、このくらいまでは読めるようになる。5冊目ぐらいには、必ずこの程度には分かるようになります。

知らない形容詞は「good」か「bad」に変換する

英語を読むときは、読むときはひたすら読むだけに集中する。単語は単語で別に覚えると割り切ってしまうことが大事です。

辞書を調べながらゆっくり読んでいたのでは、意味は分かっても面倒くさくて読むことがおもしろくなくなってしまう。それにそんな読み方では、ビジネスの現場などの実践では通用しません。

しかしそうは言っても、

「後戻りするな、息継ぎするなって、知らない単語ばかりだったらどうするんだ？」

「知らない単語ばかりで、おぼろげ程度にも分からない」

という意見もあるでしょう。

では、知らない単語が出てきたときの対処方法のコツをお教えしましょう。

たとえば名詞の説明をする形容詞には、「いい」か「悪い」しかないと割り切ってしまいましょう。分からない形容詞は、いい形容詞か悪い形容詞――ホメてるか、けなしてるかのどちらかだと。実際、ほとんどの形容詞は、そのどちらかに分けられるんです。

だから読んでいて知らない形容詞に出くわしたら、「good」か「bad」に変えてしまえばいい。シンプルだと思いませんか？

The man let the gun hang by his right side. He was tall and languid, with longish blond hair, a deep tan, pale blue eyes, and a diamond in his left ear.

これは、犯人の描写なんだから、languidは、「bad」に違いないと思えばいい。本当の意味は「無気力な」ですが、ここでは「乱杭歯」なのかもしれないので、結構（笑）。

「文脈から考えれば、おおよその意味は分かるはず」という達人もいますが、私に言わせれば絶対にムリ。**知らない単語なんだから、覚えない限り最後まで意味なんて分かるはずがない。**だからといって、いちいち辞書を開いていたのでは絶対に前に進めません。

形容詞は「good」か「bad」に変換してしまう。本来の意味とは違うかもしれませんが、これで十分に乗り切れます。**最初はそれでいいん**です。

例文の「languid」の場合も、1万語水準を超える単語なので、ビジネス中心の読書では、めったにお目にかかることはありません。我々にはほぼ無縁の単語です。

ただし、単語は別途覚えると割り切った以上、**読む訓練と並行して単語を覚えるのが前提だというのを忘れないでください。**

単語の覚え方については次章でお話しますが、読みながら覚えるのではなく、あくまでも別途に、しかし、同時進行で単語を覚えていけば、次に紹介するジョン・グリシャムを読む頃には、単語力もかなりついているはず。そうなれば形容詞を「good」「bad」に変換する回数も格段に減ってきます。自分が知っている単語だけで読んでも、それ相応の理解が出来るようになるんです。

映画、DVDはOK。翻訳本は読んではいけない

『スペンサーシリーズ』を3冊くらい読んで、「もう飽きてきた」、「簡単すぎる」、あるいは「もうちょっと知的レベルを上げたい」となったら、次にオススメなのがジョン・グリシャムの弁護士モノです。これは1ページで300ワードくらい。『スペンサーシリーズ』よりも単語の程度も高くなっています。

もちろんこれもパラグラフごとに後戻りせず、息継ぎせずに一気に読み進めるんです。

ここでも平泳ぎやロープのたぐり寄せのイメージです。ただ初心者の場合は、主要だと思う登場人物が新たに登場したら、その名前を、登場した都度、メモっておく程度のことはしたほうがいいかもしれません。

ジョン・グリシャムの作品は、社会的な問題が背景にあって知的だけれども、それほど難しくない点がいい。とはいえ初心者には決して簡単ではありません。

最後まで読んで、誰が殺されたのか、犯人が誰だったのか分からなくても読みなさい、というのが村上式なんですが、いくらなんでもそれじゃ悲しすぎます。

その場合は、映画やDVDならば先に見ても問題あり

ません。彼の作品はいくつかが映画化されていてDVDも簡単に入手出来ます。『ザ・ファーム 法律事務所』『タイム・トゥ・キル（邦題：評決のとき）』『ペリカン文書』『ザ・クライアント～依頼人』『レインメーカー』……。

映画やDVDを見てから、原書を読めばいいんです。それを見ることで、物語のあらすじや基本的な展開がつかめるので、グンと読みやすくなります。気分も楽になるでしょう。

ただし、**日本語訳だけは読んではいけません。**

翻訳小説を読むと内容が分かり過ぎてしまう。映画やDVDがOKなのは、あくまであらすじを知るためだからです。**分かり過ぎると純粋に英語で読むという行為が出来なくなります。**これでは息継ぎするなと言っているのに、酸素ボンベを背負って泳ぐようなもの。絶対に読んではいけません。

そのほかでは、私が1980年代初頭に読んだのは、アーサー・ヘイリーの『ホテル』『エアポート（邦題：大空港）』といった業界小説でした。これも映画になっていたと思います。

SF ものは×。
次はノンフィクションに挑戦を

逆にオススメ出来ないのがSF、サイエンスフィクションです。

実はSFモノは大好きで何冊も読んだのですが、一般の小説には出てこない、何とも言い難いへんてこりんな単語がいっぱい出てくるんです。マニアック過ぎて、生き物の名前なのか、鉱物の名前なのかも判断がつかない。知らない単語を読み飛ばしてたら、読むところがなくなってしまいます。

だから**初心者にはSF小説はオススメしません。**

英語の小説が読めるようになったら、次はノンフィクションに進みましょう。

ノンフィクションは、小説と違って会話体がほとんど出てきません。つまり、息継ぎなしで読み進める文章やパラグラフが長くなるんです。

当然、小説に比べたら最初は相当に苦しいはず。でもノンフィクションは、かなり英語で読む力がつきます。

ノンフィクションが英語で、ある程度読めるように

なれば、楽しみも倍増、アメリカの今月のベストセラー本などがすぐ読めます。1、2年後ぐらいにしか翻訳されない、アメリカで話題になっているビジネス書もリアルタイムに読める。つまり英語が出来ない人よりも**1、2年早く情報を入手出来る**わけです。

そうなると“自分は最先端の情報を仕入れているんだ”というモチベーションが生まれてきます。それで、また読むことがおもしろくなる。社会人なら、ビジネスのヒントやトレンドも知ることが出来、自身の仕事にも役立つでしょう。学生なら自分の専攻の勉強や論文作成などにも役立つはずです。

amazonなどでベストセラーを入手して、バンバン読みたくなるでしょう。「オレ、先週読んだけど、これアメリカで今ベストセラーになってるよ」と、サラッと言えるようになります。

英語でノンフィクションを読むようになると、知的水準そのものも上がってきます。自分の専門分野や趣味の話題などでは、日本語でも読まないような難しい本を読み出すようになるんです。
　このレベルになれば、それこそ本業のビジネスでも頭角を現せるはずです。

「出だしは12種類しかない」ことを知っておく

ノンフィクションを読む上で、さらに具体的で、もう少し“英語勉強法らしい”サジェスチョンをしましょうか。

英語を読むとき最初につまずくのは、やはり文頭でしょう。文の最初に何が書いてあるのか、どんな意味なのかが分からないと、さすがに先に進むのが難しくなる。もっともです。

そこでぜひ覚えておいてほしいのが、英語の文章の出だしは12種類しかないということ。どんな英文も、出だしはたったの12に分けられるんです。

たとえば……、

- **前置詞で始まったらイントロ。**
- **「The ～」とか「A ～」なら、主語。**
- **「When ～」で始まってカンマ（,）があったらイントロ。**
- **名詞で始まったら、ほぼ主語。**
- **「It ～」なら、「It ～that…」か「It ～to…」となって、だいたいが仮主語。**

●「To ～」なら、イントロか、カンマ（,）がなければ主語

という具合です。詳しくは67ページの図を参照してください。

最近知ったのですが、実は、かんべやすひろさんという、ある予備校の先生がご自身の著書『学校で絶対教えてくれない 超・英文解釈マニュアル』（研究社）の中で私と同じことをおっしゃっていました。

とにかく英文の出だしは右の12種類しかありません。スタートラインで「これって何の意味だろう」となると、そこから先を読んでいくための心の準備が出来なくなる。読み進めることが不安になってくるんですね。ところが、出だしに何が書かれているのか、少なくとも文章の中でどんな役割のフレーズなのか想像がつけば、「それならば、この先はこうかもしれない」と思えるようになります。つまり心の準備が出来るんです。

この12パターンを覚えてしまいましょう。そうすれば、**スタートラインで迷うことはなくなります。**

英文の出だしは12種類しかない

1. 前置詞で始まったら、イントロ　（例）In Japan ～
2. 「The ～」とか「A ～」なら主語
3. 「When ～」で始まって、カンマ（,）があったらイントロ
4. 名詞で始まったら、ほぼ主語
5. 「It ～」なら、「It ～ that…」か「It ～ to…」となり、だいたいが仮主語
6. 「To ～」なら、イントロもしくはカンマ（,）がなければ主語
7. 「There ～」なら、There +動詞（V）+主語（S）で「Sがある」となる
8. 「Ving ～」なら、イントロもしくはカンマ（,）がなければ主語
9. 「Ved by ～」なら、カンマ（,）までイントロ
10. 「What ～」なら、文末に？などがなければ主語
11. 「～ly や But」なら、カンマ（,）までイントロ
12. それ以外の特殊なケース（ほとんど出てこない）

かんべやすひろ著『学校で絶対教えてくれない 超・英文解釈マニュアル』（研究社）p21を元に作成

出だしが分かると、一見難しそうな英文も読める

以下は、私が尊敬している経済学者、哲学者のハイエクの、ノーベル経済学賞受賞講演の冒頭部分です。

The particular occasion of this lecture, combined with the chief practical problem which economists have to face today, have made the choice of its topic almost inevitable. On the one hand the still recent establishment of the Nobel Memorial Prize in Economic Science marks a significant step in the process by which, in the opinion of the general public, economics has been conceded some of the dignity and prestige of the physical sciences. On the other hand, the economists are at this moment called upon to say how to extricate the free world from the serious threat of accelerating inflation which, it must be admitted, has been brought about by policies which the majority of economists recommended and even urged governments to pursue. We have indeed at the moment little cause for pride: as a profession we have made a mess of things.

第一文は、The で始まって、これは主語の始まり。

第二文、第三文は、On で始まって、これは、イントロ。イントロの後は、the で始まって、これは、主語。

第四文は、We で始まって、これは、（代）名詞なので、主語。

続けましょう。第二パラグラフ。

It seems to me that this failure of the economists to guide policy more successfully is closely connected with their propensity to imitate as closely as possible the procedures of the brilliantly successful physical sciences - an attempt which in our field may lead to outright error. It is an approach which has come to be described as the "scientistic" attitude - an attitude which, as I defined it some thirty years ago, "is decidedly unscientific in the true sense of the word, since it involves a mechanical and uncritical application of habits of thought to fields different from those in which they have been formed." I want today to begin by explaining how some of the gravest errors of recent economic policy are a direct consequence of this scientistic error.

第一文は、It で始まって、It〜that の仮主語。

第二文は、It で始まって、しかし、これは、 後ろに that も to もない（代）名詞で、主語。仮主語ではない。

第三文も、（代）名詞　I で始まって、これが主語。

という感じです。

これだけでもスタートラインでの迷いがかなり軽減されたのではないでしょうか。

究極のところ、英文は「S＋V」しかない

英文の文型は、はっきり言ってしまうと、たったひとつしかありません。

文型は「S＋V」の１種類だけです。

学校の英文法の授業では「SVOC」とか「SVOO」、５文型といろいろ習いましたが、それはすべて忘れていい。OやCなど必要ありません。英文の構造は、文章が長くなって複雑に見えても結局のところ、

イントロ（状況などの説明）＋S（主語）＋Sの説明、V（動詞）＋Vの説明

に集約されます。

ここから説明部分をそぎ落とせばSとVしか残らないんです。

厳密に言うと、V（動詞）はその働きによって、「SがVする」か「Sが○○である」という２種類に分かれるのですが、文型という意味では「S＋V」の１種類しかありません。

ほかの部分はすべてSとVの説明だと思えば、息継ぎしなくても平泳ぎで進んでいけます。ロープを先にたぐれるんです。出だしは12種類、文型に至ってはたったのひとつだけ。形容詞の話にしてもそうですが、**英語はものすごくシンプル**なんです。

前に出てきたハイエクの講演の冒頭では、

The particular occasion　が、S。

of this lecture　も　combined with the chief practical problem which economists have to face today　も、Sの説明。

have made　が、V。

the choice of its topic almost inevitable　が、Vの説明。

つまり、潜水平泳ぎかロープたぐり寄せで、英文を読み進めるとき、この例だと、Theで始まって、これは主語の始まり。その次はSの説明。もう1つSの説明。次が、いよいよVの登場。その次はVの説明という要領で読むわけです。

もちろん、こんなことをいちいち意識するわけではありませんが、Sはどれか、Vはどれか、が読む決め手だということです。

その中でも大切なのが「どれがSか」です。実は、**前項の英文の先頭12パターンの目的は、この「S探し」だった**のです。

もっと極端なことを言うと、**VだってSの説明**なんです。

そうすると、英文とは、Sだ。ほかはその説明。と言うことになりますよね。だから、先頭12パターンによるS探しが重要なのです。

つまり、潜水平泳ぎか、ロープたぐり寄せで、英文を読み進めるとき、まずもって探しているのは、Sだということになります。「Sはどこだ。Sはどこだ」と。

次に、「Vはどこだ。Vはどこだ」と。

極端なことばかり言うようですが、**SとVさえ分か**

れば、英文は読めたと言って良い、ということにするのが村上式です。

そういう気楽な気持ちで、1カ月でも早く100万語読む。

1年でも早く、300万語読むんです。

そうすれば、いつの間にか、米国の今月のベストセラーをその月に英語で読んでいる自分になれるんです。

1分間に500ワード読むのが最終目標

初心者が英語を読むスピードは100ワード／分くらいと書きましたが、村上式の最終目標は500ワード／分に設定しています。「そんなに速くなんて、自信ない」という声も聞こえてきそうですが、最初から焦ったり嘆いたりすることはありません。読み続けていれば、おのずと読むスピードが上がっていきます。

ちなみに、皆さんが日本語の文章を読む場合、読みながら口は動かないですよね。頭の中で音読しているということもなく、本当の意味での黙読が出来るでしょう。

それは多分、漢字だけを拾って読んでいるからです。この漢字が出てきたら、次には「ということです」が続くだろうというのを無意識に理解している。だから速く読めるんです。

でも英語を読む場合、最初はみんな無意識のうちに頭の中で音読してしまっている。英語も日本語と同じようなスピードで読むには、黙読出来るようになることです。

そのためにもパラグラフごとに、息継ぎなし、後戻りなしで、一気呵成に出来るだけ速く読むことです。
こうして**300万語、小説10冊と、ノンフィクション10冊。**このくらいを英語で読み終えた頃には、**「頭の中の音読の音」が聞こえなくなってきている**はずです。

最初100ワード／分ぐらいからスタートしても、これが読むうちに200ワード／分になり、300ワード／分になってくる。この頃には徐々に頭の中の音読が黙読になってきます。
もちろん、最初は読むスピードも右肩上がりに速くはなりません。しかし1日30分から1時間。毎日読み続ければ、あるとき突然「あれ、速くなってきた」という時期がきます。個人差はありますが1カ月から2カ月くらいごとに変化が訪れます。

これが400ワード／分を超え、目標の500ワード／分に近づく頃から、英語を読むことに関して、**"次の世界"に入っていきます。**

500ワード／分というのは相当に速いスピード。この域に達すると、それこそ自分の知っている分野の日本語の文章を読むのと同じような感覚で読めるようになります。

英語にまったく自信のない人は、中学の教科書を読む

皆さんの中には、中学、高校、大学と英語はまったくサボってまして、卒業出来たのが不思議なくらい、という人もいるでしょう。

そういう、英語そのものに自信がない人の場合、英文法を完全に無視しても大丈夫というわけにもいきません。

基本構造を知っていて初めて、必要あるなしが分かるのですから。

その場合は、**中学校３年分の教科書をおさらいします**。

教科書は、大きな書店で購入出来ますし、もし教科書が売っていなければ教科書ガイドでもいいです。教科書ガイドはインターネット書店などでも買えます。要は、教科書の本文さえ手に入ればいいわけですから。

おさらいといっても机に向かってノートにペンを走らせる必要はありません。文法だとか文型だとか難しく考えずに、**ただただ読めばいい**んです。だまされたと思ってやってみてください。

その場合でも、村上式は一気呵成です。１年分の教

科書の本文を毎日10回読んで、1週間で終了。つまり、**3週間で中学3年分が終了します。**

中学1年からおさらいして、中学3年まで行けば、英語そのものにも慣れてきます。何年も英語から離れてしまっていた……という人には、良いウォーミングアップになると思います。

英語の構造が分かればOK。それが分かれば、なぜOもCも必要ないかが分かります。

✓中学教科書のおすすめ教材

NEW CROWN ENGLISH SERIES New Edition1,2,3（三省堂）

公立中学などで多く採用されている教科書。中1〜中3まで。やり直しの英語に。

Chapter 2
単語を覚える

目標は、ビジネスで困らないレベルの1万語

英語はつまるところ単語力です。当然ですが、単語を知らなければ英語はできません。だから、ともかく英単語をたくさん覚える。どれだけ多くの単語を知っているか。これが重要なんです。

知っている単語が増えることで、Chapter1の「読む」スキルも上がってきます。知っている単語が多くなればなるほど、読むスピードが上がっていきます。このChapter2の**「単語を覚える」は、「読む」の力を上げるためにも同時に行ってほしい**と思います。

ではビジネスで英語を使えるようになるためには、いったいどのくらいの単語を覚えればいいのでしょうか。

その前に、私たちは日本語をどのくらい知っていると思いますか？

“知っている単語”には2種類あり、見れば意味が分かる単語を受動型の単語（passive vocabulary）、自分から言える、書ける単語は能動型の単語（active vocabulary）と言います。

私は日本語をどれだけ知っているかを確認するため

に国語辞典を相手に調査をしたことがあります。結果から言うと、7万語くらい知っていました。

もちろんほとんどはpassiveに知っている単語でしたが。

これは一般のビジネスマンの人でも、そうは変わらないはず。日本人ならだいたい7万語の日本語ボキャブラリーをみんな持っていると思っていいでしょう。

では外国人は、英単語をどのくらい知っているのか。実はこれもテストしたことがあります。

以前勤めていた外資系企業の同僚の外国人数人を対象に、ランダムハウスのペーパーバックスの辞書でテストしました。その辞書は収録語数が10万～15万語ぐらいだったと思います。

すると、MBAを取って入社してきた外国人で、知っている英単語がやはり約7万語でした。英語のネイティブは英単語約7万語、日本語ネイティブも日本語単語約7万語というボキャブラリーがあるのです。

もちろん英語のネイティブに対等に立ち向かうなど、無理な話です。とはいえ、彼らと丁々発止とやりあえるには、どのくらいのボキャブラリーが必要でしょうか。

村上式の勉強法で覚える英単語の**目標は1万語です。とにかく1万語覚える**。そうしてビジネス英語に困ることはまずないというレベルを目指します。

「1万語なんてムリ！」「いきなりハードルが高いじゃないか！」と驚いた人もいると思いますが、ご安心を。確実にモノにするための方法があるんです。

単語は丸暗記しない。
毎日“会って”頭に入れる

英語の勉強で、多くの人が挫折するのが単語です。

一見地味で、面白くなく、苦労の伴う作業だからです。また、せっかく覚えてもすぐに忘れてしまう。それも単語を覚えることが苦手な人が多い理由です。

ここで提案したいと思います。単語の丸暗記はやめましょう！

正確に言えば、「1日10語や50語などと決めて、英単語を丸暗記する」という発想は捨ててしまいましょう、ということです。

では、1万もの英単語をどうやって覚えるか。

村上式の単語の覚え方の極意は「ひたすら眺める」です。毎日毎日、ただひたすら単語を見る、眺める。最終的には1日に1万語を見る。

毎日10語ずつをコツコツと……なんていうのはダメ。**毎日1万語、全部を見る。**少しずつではなくて、一気呵成に徹底してやる。これ、非常に大事です。

そもそも私の単語の覚え方は、**その単語に何回も出**

会うという方法です。要するに人の顔と名前を結びつけるのと同じなんです。たとえば**通勤で同じバスに毎日乗っていると、乗客の顔を覚えてくるように。**バス停で毎日顔を見て会釈するようになった人と別のところで会って、「毎朝お会いしてますね。どちら様でしたか？」「○○さんですか。私、村上と申します」という具合です。そうやって単語に会うことで覚える。

だから本当は、覚えてしまった単語も飛ばさないで全部見たほうがいい。

知っている単語の隣にある単語という覚え方もあるわけです。人でもそうでしょう。「ああ、鈴木さんの隣にいた木村さんね」という具合に。木村さんの名前は覚えにくいけれど、鈴木さんの隣にいると分かる、ということがよくあるんです。

そのためにはやはり、毎日単語と顔を合わせなければダメ。だから社員1万人の会社の社長になった気分で、最初は毎週末に、最終的には毎日、社員1万語に会うようにする。そうやって1、2年もすれば、いつのまにか1万語を覚えています。

hijklmno
BCDEF
opqrstu
tuvwx
jklmnopqz
abcdef
NOpqrstu
cdefghijkl
DEFGHIJ
GHIJKLM
ghijklmnopqr
cat
cdefghijklm
vwxyza
efghi
abcd
jklm
opq
stuv
bird

1日50語丸暗記をしたとしても、一度覚えてそれっきりだと、半年後に再びチェックしてみたらほとんど覚えていなかったという経験、あると思います。あんなに大学受験で英単語を覚えたのに、社会人になったらすっかり忘れてしまったとか……。

でも、そこで挫折することはありません。誰もがそうなのですから。親しい友人ならともかく、かつて住んでいた街のバスの中で会っていた人では、数年ぶりに見かけてもすぐには思い出せないのは当然です。もしかしたら思い出せないまま、声さえかけられないかもしれません。それと同じです。

逆に言えば、毎日会っているから、顔を思い出せる。頻繁に顔を合わせているから、覚えているんです。

私が、毎日1万語を見なさいと強調する理由はここにあります。

単語カード、ノート、マーカー、鉛筆、いっさい使わない！

この方法で単語を覚える場合、単語の本にマーカーを引くとか、単語カードを作ってめくるとか、ノートに単語を書き写すとか、そういうことはいっさいしません。

繰り返しますが、毎日、1万語なのです。

1語を1秒で見るとすると、**1万語でおよそ2時間45分**かかります。考えなくても分かると思いますが、いちいちマーカーなど引いていては、何時間どころか何日もかかってしまいます。これではちっとも先に進みません。

単語の本をいろいろと買ってみたものの、結局最後までいかなかったという人は、じっくり取り組もうとしていたからではないでしょうか。

筆記用具や文房具などはいっさい持たずに、一気に見る。

このことが、結果として集中して単語と向き合うことにもつながります。

慣れてくれば、知っている単語はチラッと見るだけでよいので、もっとスピードは上がってくるでしょう。毎日２時間この作業を続ければ、必ず力になります。

意識して、毎日１万語を見る。これが村上式シンプル英語勉強法の基本です。

文房具などいらないのであれば、通勤・通学時間を利用して、それこそ電車の中で立った状態でもできると思います。机さえ必要ありません。

お昼休みや細切れ時間を利用して、とにかく見る習慣をつけてみてください。**「見るだけ」と思えば、意外とできるはずです。**

自分の単語レベルをチェックする、簡単な方法

英単語を1万語覚える。この作業を始める前に、現時点での自分の単語力を測定しましょう。

これは簡単な方法でできます。

まず1万語ぐらい掲載されている単語集もしくは辞書を用意します。そしてランダムにページを開き、そこに載っている単語のうち、知っている単語がいくつあるかチェックする。ただこれだけです。

この単語力チェックでは、意味を知っている単語、つまり passive vocabulary の数で構いません。

この方法で10回の平均値を取れば、だいたい1万語のうちの何%を知っているのか、自分の単語力が分かってきます。

ざっくりした判断ですが、1万語のうち60%は知っていたという人は、自分には6000語ぐらいのボキャブラリーがあると思えばいい。

もちろん30%（＝3000語）知っている人もいれば、15%（＝1500語）しか知らなかった人もいるでしょう。

その数値が、現時点での単語力であり、単語を覚えるにあたってのスタートラインになります。

単語力を診断するウェブサイトもあるので、そちらを参考にしてもいいかもしれません。

そしてこの単語力は、次ページのようにレベル分けができます。

✓ 単語レベルチェックができるウェブサイト

アルク・英単語力診断テスト

http://www.alc.co.jp/tg/vocab/

あなたのスタート地点を確認する

まず**1000語レベル**。これは英語とは何かを知るのに必要な最低限の英単語です。

これには「I」「my」「me」、「you」「your」「you」とかも全部入っていますから、「オレ、1000語も英単語なんて知らないよ」と思うかもしれませんが大丈夫。まずほとんどの人は、このレベルはクリア出来ていると思います。

次は、**1000〜3000語レベル**。これは**日常会話級**です。だいぶ英語から遠ざかっていた人は、だいたいこのレベルでしょう。

そして**3000〜6000語レベル**。これは**大学受験級**です。

現役の大学生はもちろん、大学を出た社会人ならこのレベルにいる、もしくは大学受験当時はこのレベルだったということになります。

その次が**6000〜1万語レベル**で、これは**ビジネス会話級**。

外国人とビジネスシーンで丁々発止のやりとりが出来、『ニューズウィーク』『タイム』といったアメリカの雑誌を読むと、1パラグラフに知らない単語が2つ3つというレベルです。

その上が**1万〜1万5000語レベル**。

ここまでくると**英語専門家級**ですね。英語を職業にして、英語でメシが食える。そういうレベルです。私もこのレベルには達していないので予想しかできませんが、1万5000語レベルに達すると、アメリカの雑誌なら知らない単語は1パラグラフに1つあるかないかになるでしょう。

先ほど「毎日1万語を見る」と書きましたが、現実的には、そこにいくには時間がかかるという人も多いと思います。

今現在1万語近く知っているという人であれば、先ほどの「毎日1万語を見る」を迷わず実践してください。

ところが3000語や5000語レベルの人は、「毎日1万語を見る」をはじめる前に、現在のレベルに合った単語に取り組みたいと思うかもしれません。

そこで、自分の現時点でのレベルが分かったところで、レベル別におすすめの教材を紹介したいと思います。

どのレベルの教材も、使い方は同じ。じっくり丸暗記、ゆっくりマーカーではなく、「一気に見る」です。それだけは忘れずに、はじめてみましょう！

単語レベル別　教材選びのヒント
目標3000語レベル

最初は日常会話レベルの3000語の覚え方です。

書店に行くと『**英絵辞典**』というのが数冊出ていると思いますので、それを入手します。『英絵辞典』とは台所、リビング、学校の教室、オフィス、レストラン、公園、駅、自動車……というように、日常生活のさまざまな場面の絵があって、そこに登場するアイテム名や動作が英語で書かれている、という"絵で引く辞典"のことです。

載ってる単語は、ほぼ3000語レベルに該当するもので、その**絵を見ながら覚える**んです。日常生活に即した具体的な単語ばかりですから覚えやすいでしょう。

台所やリビングの光景も、学校や駅の光景も、自動車の部品や野球の道具も、私たちの中にはすでに日本語の名前を持って存在しています。これをフレーム・オブ・リファレンス（Frame of Reference）というのですが、英絵辞典を使って覚える方法は、**自分の周囲にある物に、英語の名前を書いた付箋を貼っていくようなもの**なのです。

たとえば私たち日本人にとっては「冷蔵庫」という

名前で存在する家電に「refrigerator」という英語名の付箋を張り付けることで覚えていくわけです。自分の人生の中に存在してきた日本語で記述された世界を、英語で上書きする、英語で記述された世界として再構築するようなものといってもいいでしょう。

そういう意味からも英絵辞典は、身近なものに英語の付箋を貼って単語を覚えるのに非常に適した教材だと思います。

まだ知らない単語も多いかもしれませんが、あなたの身の回りのものに「英単語が書かれている付箋をペタペタと貼っていく」という感覚で、楽しんでやってみましょう。

✓目標3000語レベルのおすすめ教材

Oxford Picture Dictionary（Oxford University Press）

日常用語を中心とした約3700語を収録した英絵辞典。単語力に自信のない人は、ここからはじめてみましょう。

単語レベル別　教材選びのヒント
目標6000語レベル

次に大学受験レベルの6000語。ここでも、日本語で記述されている自分の世界を英語で記述し直していくというのが、主流であることに変わりありません。

ただ、記述される世界は、身の回りの日常的な世界から、社会・経済・政治と言ったやや抽象的な世界へ広がっていきます。具体的な世界でも、より微細に表現された世界へと広がります。自然科学的・科学技術的世界も登場し始めます。

でも、恐れることはないのです。我々は、それをすでに日本語で記述された形でしっかり保持しているわけで、ただ、やるべきことは、その世界に英単語の付箋を貼っていくだけなのです。

この段階で使う教材は、ニュース英語に登場する単語を集めたもの。それも、Frame of Reference というまとめ方のされたもの、つまり、話題別に単語がまとめられているものです。

なぜ、ニュース英語なのかというと、ニュース英語が、社会・経済・政治といったやや抽象的な世界や、自然科学的・科学技術的世界を記述しているからです。

ただし、忘れてはならないことですが、ここでも**毎日、その教材の始めから終わりまでを眺める、見る**という、**村上式の原則を貫いてください。**

このレベルでやっかいな単語は、具体的な世界をより微細に表現する単語群です。これには**覚え方にも工夫が必要になってきます。**この具体的な世界をより微細に表現する単語を覚える１つの方法は、**知っている単語に知らない単語をくっつけること。**つまり何か難しい単語があったら、それだけを覚えるのではなく、そこに易しい単語をくっつけて組にして、それもひとまとめに覚えよう、ということ。こうすることで、具体的な世界をより微細に表現する単語群をカバーできます。

たとえば「shrewd」という単語を覚えるとしましょう。

「shrewd」を単体で覚えるのではなく「merchant＝商人」という、みんなが知っている単語と組み合わせて、「shrewd merchant（抜け目ない商人）」にすることで、一緒に「shrewd」を覚えてしまうんです。

この覚え方はとても効果的です。だから「どうしてもこの単語が覚えられない」というときには、その単語が名詞なら自分が知っている、分かりやすい形容詞を、動詞なら知っている副詞をくっつけて、ひとかたまりで覚えてしまいましょう。

ただこの方法には、問題があります。そんな組み合わせを自分でいちいち作っておれるほど、暇じゃないということです。

私は、30年前、何か「連想式」とか銘打った単語集を使った覚えがありますが、手元に見つかりません。ところが、本屋を探してみると、これと同じ方法でまとめられている『英単語ピーナツほどおいしいものはない』（南雲堂）という単語集が金・銀・銅（上・中・下）巻という3巻シリーズで、出版されているのを見つけました。その名のとおり、ピーナツのように2つの単語をひとつにして覚えるという趣旨で、内容も分野別、話題別になっていて使いやすいし覚えやすい。

参考にすることをオススメします。大学受験レベル、6000語を目指すレベルならば、「銅」「銀」あたりが適していると思います。

✓目標6000語レベルのおすすめ教材

①ニュース英語パワーボキャビル4000語（小林敏彦／語研）
主要ニュースの50の分野から、4000語強を収録。

②英単語ピーナツほどおいしいものはない 銅メダルコース（清水かつぞー／南雲堂）
「形容詞＋名詞」や「動詞＋名詞」などの2語の連語を777個収録。入門レベル。

③英単語ピーナツほどおいしいものはない 銀メダルコース（清水かつぞー／南雲堂）
「形容詞＋名詞」や「動詞＋名詞」などの2語の連語を777個収録。中級レベル。

単語レベル別　教材選びのヒント
目標1万語レベル

そして次の6000～1万語レベルです。ここが正念場。**ビジネスで英語を生かせるかどうかは、このレベルをどうクリアするかで決まります。**

ここでも、日本語で記述されている自分の世界を英語で記述し直していくというのが、主流であることに変わりありません。

ただ、記述される世界は、6000語レベルよりもさらに、社会・経済・政治のより抽象的で高度な世界へ広がっていきます。具体的な世界でも、ますます微妙で繊細な世界へと広がります。自然科学的・科学技術的世界も高度化します。

とはいっても、繰り返しますが恐れることはないのです。我々は、それをすでに日本語で記述された形でしっかり保持しているわけで、ただやるべきことは、その世界に英単語の付箋を貼っていくだけなのです。そのカテゴリー別ごとの関連用語で、「日本語で知っているけど英語では知らない言葉」を拾っては覚えていきましょう。

これにはオススメの教材がありました。植田一三氏の著書『発信型英語10000語レベルスーパーボキャビル』（ベレ出版）です。私も社員に「これを使って覚えなさい」と言っていました。この教材が優れているのは、話題別つまりFrame of Referenceをベースにまとめられているだけでなく、微妙で繊細な世界を記述する単語も、たとえば動詞だったら「感情を表す系」「ほめる&けなす系」「体を動かす系」……。形容詞なら「人格の良し悪し系」「外見の良し悪し系」……といった具合にまとめてある点です。残念ながら現在は絶版のようですので、6000語のレベルで紹介した教材の次のレベルの『ニュース英語パワーボキャビル3000語プラス』（語研）や、『英単語ピーナツほどおいしいものはない 金メダルコース』（南雲堂）を使ってみてもいいでしょう。

✓ 10000語レベルのおすすめ教材

①発信型英語10000語レベルスーパーボキャビル（植田 一三／ベレ出版）

英字新聞、『タイム』、『ニューズウイーク』、ニュース英語放送のレベルの高い語彙を収録。

②ニュース英語パワーボキャビル3000語プラス（小林敏彦／語研）

『ニュース英語パワーボキャビル4000語』の続編。主要ニュースの20の分野から、約3700語を収録。

③英単語ピーナツほどおいしいものはない 金メダルコース（清水かつぞー／南雲堂）

「形容詞＋名詞」や「動詞＋名詞」などの2語の連語を777個収録。上級レベル。

平日は3000語、土日は1万語

さて、教材の使い方もイメージできたと思います。

最後に、単語を「見る」ための具体的な時間配分について考えてみましょう。

毎日見る。それにはもちろん、かなりの時間を要します。先ほど述べたとおり、1語1秒でも1万語すべてを見ると3時間近くかかります。

最初のうちは知らない単語が圧倒的に多いわけですから、たとえ見るだけでも5、6時間かかるかもしれません。だから最初から目標である1万語を毎日すべて見るのはかなり難しいはず。現実問題、できるのは土日ぐらいでしょう。

そこで、**平日は自分のレベルに合わせた単語を見ることからはじめます（現時点での自分のレベルを知る方法については、91ページで説明しました）。たとえば目標3000語の人は、英絵辞典を毎日全部見ることから始めます。そして毎週末の土日のどちらかで、10時間ぐらいかけて1万語をじっくり眺める**んです。最初の1年間は週末の半分を英語に費やすという覚悟を決めるわけです。

3000語を覚えてきたら、平日はその3000語に6000語の教材を追加して見る。そして週末は1万語。平日が6000語を超えはじめると、知らない単語はあと4000語。そうなると、パッパパッパと見るスピードも上がってくるから、かかる時間も短縮されてきます。毎日1万語を見ることができるようになってきます。

あとはどれだけ「見る」を習慣にできるかです。通勤時間など細切れ時間の有効活用をして、毎日の生活に「単語を見る」を組み込んでしまうのです。

私たちは、もう何十年も、世界を「日本語で記述」して自分の中に構築してきました。それを英語で記述し直す作業ですから、ここは根性を入れて、一気呵成にやるっきゃない。しかも、数年はかかるということを覚悟する必要はあります。

やり続けると、3カ月、いや1カ月ごとにあなたの中に「英語が分かる」という手ごたえのようなものが出てくると思います。それは単語が「見ただけで分かる」という実感だけでなく、「読む」「聞く」「話す」などほかのChapterで紹介する勉強をしている中でも、いちいち実感できると思います。

手ごたえがあれば、ますます単語を眺めることが楽しくなってくるはずです。ぜひほかのスキルを磨くのと同時に、このChapter2の「単語を覚える」も続けてください。

私たちは、世界を「日本語で記述」してきました。残念ながら、その世界は、そのままでは、外国の人たちに理解できません。望むと望まざるとにかかわらず、世界中の人たちが、「英語で記述された世界」を共通の世界として共有し、その世界の中で仕事や学問やスポーツや芸術をしているのです。いや、日常生活すら「英語で記述された世界」で送りはじめているのです。

このまま「日本語で記述された世界」だけに住み続けますか?

それとも、地球規模に広がった世界に飛躍しますか?

熟語・イディオムは「捨てる」

熟語、イディオムは必要ないというのが私の考えです。

学生時代、英単語と一緒に覚えさせられたのが熟語、イディオムというやつ。いわゆる言い回し表現みたいなものです。英単語集と一緒に英熟語集も買って覚えたという人も多いでしょう。

ところが、私は熟語をほとんど無視しました。

理由はシンプル、実際にビジネスで英語を使う場面を考えても、**めったに出てこない**から。見かけても take off だとか、take care of とか。そのレベルがいいところ。言うほどお目にかかりません。

なんであんなに大量の熟語を覚えなければいけないんでしょう。あれはきっと英語の学校が、私たちのような英語の出来ない人間を脅したいからではないかと勘ぐりたくなるほどです。

もちろん、ひとつも出てこないわけではないので、私が一方的に覚えるのをあきらめたのかもしれません。熟語なんか実践ではあまり出てこないと、自分で勝手に決め込んで、切り捨ててしまっただけかもしれません。

ですが、そんな私でもビジネスで英語を使えています。それが通用しているんです。ということは、つまり、躍起になって覚えなくたって大丈夫ってこと。

熟語を覚えるぐらいなら、**その時間で単語を覚えるほうがよっぽどいい**。熟語は無視する。村上式はこれでいいんです。

立ちはだかる、目標1万5000語の「壁」

余談ですが、私が30年ほど前に、この“毎日会う”という方法で覚えた単語は、1万語前後。その後はそこを出たり入ったりしている状態です。最近では、英語で読んでる分野が偏っているので、1万語を大きく割り込んでいると思います。

30代で転職した外資系企業で、私は有名でした。「ノリオはいつも単語集を読んでいる」と。通勤電車の中や待ち時間も、オフィスでの打ち合わせの空き時間もずっと見ていたんです。

待ち合わせに先に着いたので、新橋駅の駅前にある機関車の前で立ったまま見ていたり……。後から着いた同僚がのぞきこんでも気がつかなかったらしい。

何しろ一生懸命に単語を覚えていました。その当時は、仕事してる以外の時間をほとんど英語に費やしていましたから。

そんな中で一時期、1万〜1万5000語レベル、つまり英語を職業にして英語でメシが食える専門家レベルという領域に挑戦したことがありました。でも、ダメでしたね。

このあたりになると、まず教材がありません。私が唯一見つけたのは、ジャパンタイムズから出た、もう絶版になってる単語集。これは「よくぞここまで」というくらいにマニアックな1万5000語が集められていました。それも1万語レベルの単語は出てこない。純粋に1万語以上の先の単語ばかりでしたから。それが、アルファベット順に並んでいるという、とんでもない使えない単語集。

これにチャレンジしましたが、挫折してます。ガーッと一気に何週間にもわたって見たんだけど、こればかりはついに覚えられませんでした。村上式もさすがに通用しないかな、と。

なので、どなたかこの1万語から先のプラス5000語を覚える方法を編み出した方がいらっしゃったら、ぜひその方法を教えてください。

Chapter 3
英語を聴く

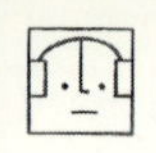

リスニングは“耳の筋トレ”。使うのは知力でなく筋力

私もリスニングには相当苦労をしました。いや、いまだに苦労しています。そして苦労を続けているうちに、あるひとつの結論に達したのです。

ズバリ言いましょう。**英語を聴く力、リスニング力は“耳の筋力”です。決して知力ではありません。**なぜなら英語には、私たち日本人（日本語ネイティブ）の耳には、非常に聴き取りにくい周波数の音が入っているからです。

言葉を音波として分析すると、子音は高周波、母音は低周波になります。日本語は、子音の後ろに必ず母音がつく言語なんですね。だから日本人には日本語ネイティブの低周波の音（＝母音）に慣れているし、そのために言葉を聴くとき母音を期待しながら聴いているんです。

しかし日本語と違って英語には子音だけの音節が存在します。低周波に慣れきった日本人の耳で、子音の高周波は非常に聴き難いのも当然でしょう。これが私たち日本人が英語をなかなか聴き取れない理由です。つまり**英語が聴こえるようになるには、耳を鍛えて高**

周波を聴き取る力をつけるしかない。だから「リスニング力を身につけるために必要なのは勉強ではなく耳の筋トレ。そのとき使うのは知力でなく筋力」なんです。

私がこのことに気づいたのは、30年前。英語を勉強しはじめてしばらくしてからでした。
「外資企業に行くんだから英語を勉強しろよ」と勤めていた日本企業の同僚たちから、退職時の餞別にもらったポケットサイズのカセットプレーヤーで、新オフィスへの行き帰りに、ひたすら英会話の教材を聞いていたんです。

ところが最初の第1巻1課、超初級レベルのテープなのに、まったく聴き取れない。何をしゃべっているのか、全然分からないんです。

その教材のテキストを見ると、内容は中学校で習う程度の英語レベルでした。だから目で読めば、単語も構文も何の苦もなく分かるのに、いざ耳で聴くとそれが聴こえない。ビックリしました。自分の耳の穴はおかしいんじゃないか。だったら耳鼻咽喉科に行って診てもらわなければと本気で思ったぐらいでしたから。

そんなことで行き詰まっていたあるとき、ふと「初歩の1課でも全然聴こえない。じゃあレベルが上の10課なんか聴いたらどうなっちゃうんだろう」と思い、試しに聴いてみたんです。当然チンプンカンプン。何にも聴き取れませんでした。ところがその後で1課を聴いたら、それまでよりは何かしら聴こえるような気がしたんです。

それで、「もしかしたら……」と思い、10課を1週間聴いてみました。言っている内容は全然分からなくても、とにかく1週間聴き続けたんです。そして、その週末に改めて、恐る恐る1課を聴きました。すると驚くことに、少しですが内容が聴こえるようになっていたんです。「もしか」は、そうだったんです。

これってウェイトリフティングやボディービルのトレーニングと同じなんだ、と。何の負荷もかからない軽すぎるダンベルを何百回持ち上げたって筋肉はつきません。持ち上げられるか持ち上げられないか、という重さを持ち上げて負荷をかけることで筋肉がついて

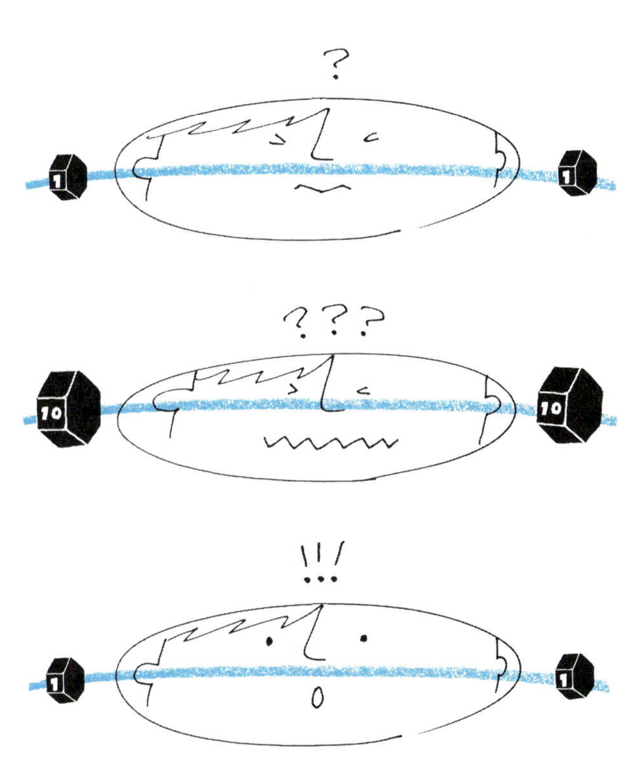
?
1
1
???
10
10
!!!
1
1

くる。

80kg のバーベルでしばらく練習してから再度 50kg に挑戦すると、前より軽く感じる。これと同じじゃないかと。**「なんだ、リスニングって筋トレじゃないか」**という仮説が確信出来たのはこのときです。

1日1時間×3年。生の英語を1000時間聴く

筋トレである以上、上達する方法はただひとつ。ひたすら聴くことです。

時間にして1000時間。ネイティブが話す普通のスピードの英語を、**トータルして1000時間聴けば、誰でも英語を聴き取れるようになります。**

それも、聴いたり聴かなかったりでは意味がありません。何日も間を空けていたのでは“耳の筋肉”はつきません。

だから毎日1時間は聴く。毎日1時間で3年間。これが1日3時間なら1年間で1000時間に到達します。

そして聴くのは生の英語、掛け値なしの本物の英語。耳に負荷をかけて筋肉を鍛えるのが目的ですから、ゆっくりやさしい英語ではダメです。ネイティブの、日本人にとって情け容赦のないスピードの英語を毎日聴くことで耳を鍛えるんです。

リスニング教材は
常に10課先を聴く

では何を、どう聴けばいいか。

この本を読んでいる皆さんの中にも、リスニング教材を持っている人が多いのではないでしょうか。そしてほとんどの場合、カセットテープやCDの封が切られているのは3課くらいまで。4課以降は封が切られてないのではありませんか？

せっかく教材を持っているならそれを使わない手はありません。今お持ちの教材でOK、特にこれでなければダメというものはありせん。ただし、これまでとは使い方が違うと思いますが……。

その使い方とは、まさにお話した私の経験そのままです。たとえば私が使っていたのはレベル別に30課まであるリスニング教材でした。で、最初は初級レベルの1課すらほとんど聴き取れなかった。ではその1課を聴けるようになるにはどうするか。

答えは**「1課は聴かずに、10課（先）を聴く」**です。

1課が聴けないのにさらにレベルの高い（スピードが速く、内容も難しい）10課など聴き取れるわけがありません。でも、それでも聴きます。ひたすら耳に流し込む。そうやって10課を1週間、毎日1時間ずつ聴いて、その週末に1課がどれだけ聴こえるかチェックするんです。

すると、10課はまったく聴き取れなくても、1課は少し聴こえるようになっている。これを繰り返すと、週末ごとに1課がだんだんと聴き取れるようになるんです。前項でお話ししたように、これは私の経験から実証済みです。

負荷の大きいハイレベル・ハイスピードな英語を聴くことで耳の筋肉が鍛えられ、1課の英語がゆっくり聴こえるようになるんです。

もちろん耳が慣れてくれば10課だって少しは聴こえるようになってきます。そうしたら11課、12課〜15課〜20課〜……と、ダンベルの重量を上げるように、**徐々に筋トレのレベルを上げていく**んです。

あくまで私の経験上での感覚的な数字ですが、10課が10%聴き取れれば1課は20%は聴けるようになる。20課が10%聴ければ10課が20%で1課は40%は聴ける。

そして最上級の30課が10%聴けるようになる頃には上級の20課なら20%、10課なら50%、そして初級の1課なら80%近くは聴き取れるようになっているはずです。

そしてスポーツと同じように、少しでも聴こえるようになってくるとさらに上を目指したくなるもの。1課は40%聴けるようになった。でも20課は10%しか聴き取れない。そうなると早く20課をもっと聴けるようになりたいと思うものなんです。

そうなったらしめたもの。筋トレが楽しくなってきた証拠ですから。週1回の筋力アップの確認が楽しみになってくる。どれだけ聴こえるようになっているか、ワクワクするはずです。

ここでは、たまたま私が使っていた教材に合わせて30課をベースにお話しましたが、これにこだわる必要はありません。

ポイントは、**毎日1時間聴くこと**。最初からレベルの高くスピードの速い、まったく聴き取れない英語を聴くこと。そして週に一度は初級レベルの英語を聴いて確認すること。この３つから外れなければ、後は皆さんがお持ちの教材に合わせて聴けばいいんです。

ザザッと聴いて「ハイ、聴けた」。100%を目指さない

筋力がついてきて1課から5課レベルは80%ぐらいに聴こえてくるようになったとしても、週末ごとに1課（一番やさしいレベル）に戻って聴いたほうがいいでしょう。

レベルアップするごとに聴くスピードは速くなるから、そんなに時間もかかりません。**1回ザザッと聴いて「ハイ、聴けた」でいい。**ここで陥りやすいのが、“100%聴こうとする”という落とし穴です。

そもそもなぜ英会話やリスニングの教材は、最初だけでお蔵入りしてしまうのでしょうか。それは、1課が100%聴けるようになるまで次に進もうとしないからです。100%完璧を目指すから挫折して、教材もゴミ箱行きになってしまうんです。

どんなに上達しても、100%聴き取れるなどということはあり得ません。たとえ30課の90%近くが聴き取れるくらいのレベルの人が1課を聴いても、100%は聴き取れない。特にある程度大人になってから始めたリスニングなら言わずもがなです。耳の筋力がそこまで育たないから、音として聴こえないのも当然です。

冠詞の「a」とか「the」はちゃんと言ったのか、みたいなことは最後まで聴き取れないでしょう。「him」も「them」もせいぜい「m」が、聞こえれば御の字です。でもその程度は聴こえなくても意味は十分に分かるはず。だからそれはそれでいいんです。**100%を目指していたら、いつまでたっても先に進めません。**「完全・完璧に聴き取れるわけがない」。ネイティブでない以上、このあきらめも大切。

たとえば、こんな感じです。

ネイティブ本人は、そう話してるつもりの文

The marketing analysis on how the market is effected by several media indicates that personal computer magazines are as highly effective as we expected.

私たちの耳にせいぜい聞こえて来る音

T••mark•ti•ganalysiso•howth•mark•••s•fect•dbysevera•medi•i•dicat••tha•pers•n•lco•putermagazi•sar•ashighlya•w•expec••d.

で、けなげにも、私たちがやっと聴き取った文

marketing anlysis how market effected by several media indicate personal computer magazine are as highly effective we expect.

で、聞いた瞬間的に、やっとこさ、分かった内容 market analysis indicates personal computer magazines are effective.

村上式では、これで、「**ハイ、聴けた**」とします。

上記の例は文は15課程度の内容なのでこの場合は「ハイ、50%聴けた」といった感じでしょうか。

テキスト類はいっさい見ない。そして、息を止めて聴く

英会話やリスニングの教材のテープ・CDを聴くときに注意しなければいけないのが、**聴くときには何も見ない**ということ。基本的には教材に付属しているテキストも見てはいけません。

聴く前に一度だけ、テキストで見てもいいのは、描かれている挿絵やイラストだけです。

挿絵を見て「公園で、老婦人がお巡りさんに話しかけている」といった話のシチュエーションを知っておくくらいならいいでしょう。というか、そうでないとまったくの暗闇の中を進むことになってしまいますから。

完全に目隠しされて「はい、ここはどこ？」って言われるようなもの。それはあまりに酷というものです。だから挿絵は見てもいい。でも**本文のほうは絶対に読んではダメ**です。

なぜか。

たいていの場合、テキストを一度見ると、耳で聴いた音を手がかりに、テキストに書かれている本文、つ

まり文字のほうを思い出そうとしてしまうんです。英語や日本語がまったく読めないのなら、本文を見ても覚えられないから問題ないのですが、私たちはみんな、中途半端に頭がいい。だから一度文章を見たらそこそこ覚えてしまう。見て覚えた記憶をたどってしまうんですね。

でもそれでは知力のトレーニングになってしまい、耳の筋力を鍛える筋トレになりません。つまり英語を聴いていることにならないんです。

聴く練習では、知力は絶対に使ってはダメ。徹底的に排除してください。こういうところ、村上式のやり方は厳格ですから。本文を見たら破門です（笑）。

そして英語を聴くための筋トレでもうひとつ大切なのは、聴くときも息を止めること。息をしないのではなく、**"息をこらして聴く""相手の息に合わせて聴く"**という意味です。

つまり、耳に意識を集中させる。Capter 1の「英語を読む」でも「息継ぎするな、息を止めて読め」と言いましたが、その理由はリスニングでも同じなんです。

知力を排除しろ、息継ぎするな……なんだか修行みたいな感じになってきましたが、要するに英語なんて学問ではないということ。**語学ではなく語力だ**ということなんです。

究極の教材は、ディベートの音声

当時の私も、この方法で30課の聴き取りに挑戦するところまでいきました。30課はニュースコメンタリーだったと思います。しかしここでひとつ問題が。

30課は私の教材の中で一番速い、一番高いレベルです。しかし30課を聴けるようになるには30課を聴いていてもダメ。つまり30課を聴くための筋トレとして聴く、10課先の40課に相当する、さらに上の教材がなかったんです。

では、どうしたのか。私はその教材をディベートに求めました。

アメリカにはディベート、ディベート選手権といった弁論大会があります。よく高校対抗や大学対抗で行われます。たとえば「地球温暖化はCO_2に原因があるのか？」といったテーマを決め、「そうだ」「いや違う」というグループに分かれてお互いに持論を展開し、徹底討論するわけです。

このディベートには時間制限があるために、みんな英語のスピードが速い。ものすごく早口なんです。それこそテープを3倍速で回したかのように、まくし立てるように英語をしゃべる。それはもう半端なスピードじゃありません。
「よし、これだ」と思いました。しかも、彼らは、一気に20秒くらいしゃべって、「ヒッ！」って、息継ぎするんです。聴いてるこちらが、途中で息継ぎしてては、聴き取れるわけがありません。

当時、松本道弘先生という、英語の達人がいて（今もご健在で、ご活躍中ですが）、そういうディベートを録音したテープを売り出していたんです。それを、入手して30課のための教材に使ったんです。これはいい訓練になりました。

現在ではこういうディベートの録音テープを手に入れるのは難しいかもしれません。でも今はケーブルテレビやCS放送、BS放送などで、CNNとかBBCのような生の英語ニュース番組、報道番組を見ることが出来る時代です。それにインターネットでもYouTubeなどでは、大統領や政治家の演説や国際会議のパネルディスカッションなどがアップロードされています。

私が30代の頃は、リスニング教材のほかに聴けるものと言えば、テレビの外国映画とか海外ドラマぐらいでした。当時ちょうどテレビの2カ国語放送が始まったんです。だからよく聴いていました。家族は主音声の日本語なので、自分だけイヤホンで副音声の英語を聴くんです。もちろん最初は聴き取れるわけもない。同じ映画を見て家族がゲラゲラ笑っているのに、私だけ意味が分からずに笑えないなんてしょっちゅうでした。

ほかにはFEN(Far East Network 米軍放送。現在はAFN : American Forces Network)。FENで放送される5分間の定時ニュースも、時間があるときはずっと聴いてました。

そんな時代に比べれば、掛け値なしの英語に触れる機会は格段に多くなっています。ソースには事欠かないのですから、自分に合った教材をいろいろ探してみるといいでしょう。

もし幸運にもディベートの録音テープが入手出来たら、究極のリスニング教材としてぜひ使ってみることをオススメします。

✓リスニングのおすすめウェブサイト

①世界経済フォーラム、World Economic Forum

http://www.weforum.org/

英語のサイト。たくさんの音声つき動画がある。世界で活躍する人たちの講演が聴けるのでオススメ。

② CNN.com

http://edition.cnn.com

英語のニュースサイト。動画が豊富で、ポッドキャストやラジオなど音声コンテンツも充実している。

③ Newsweek

http://www.newsweek.com

英語のニュースサイト。動画も豊富。

④ American Rhetoric

http://www.americanrhetoric.com

キング牧師の「I Have a Dream」など有名なスピーチを集めたサイト。

Chapter 4
英語を書く

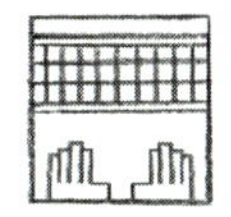

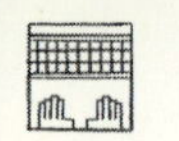

日本人に英作文は無理。あきらめて“英借文”を。

結論から言ってしまいます。

私たち日本人には、英作文は出来ません。無理です。

私も日々英語で仕事をしていますが、いまだに自分の書いた英語が正しいかどうかには、まったく自信がありません。

そもそもネイティブである日本語ですら、正しく書けているかどうか怪しいんですから。ましてやよく知らない英語を正しく書きましょうなど、無理に決まっています。

英語がなかなか上達せず、勉強法に悩んで本書を読んでるような人には、なおさら難しい。私自身、到底無理だと思っています。英作文は勉強すれば出来る、という考え方自体を捨てましょう。

それでも仕事で英語の文章を書かなければいけない……。ではどうするか？

そんなときには**“英借文”する**しかありません。英作文ではなくて英借文。つまりネイティブの書いたリポートやパワーポイントやＥメールから、文章をコピ

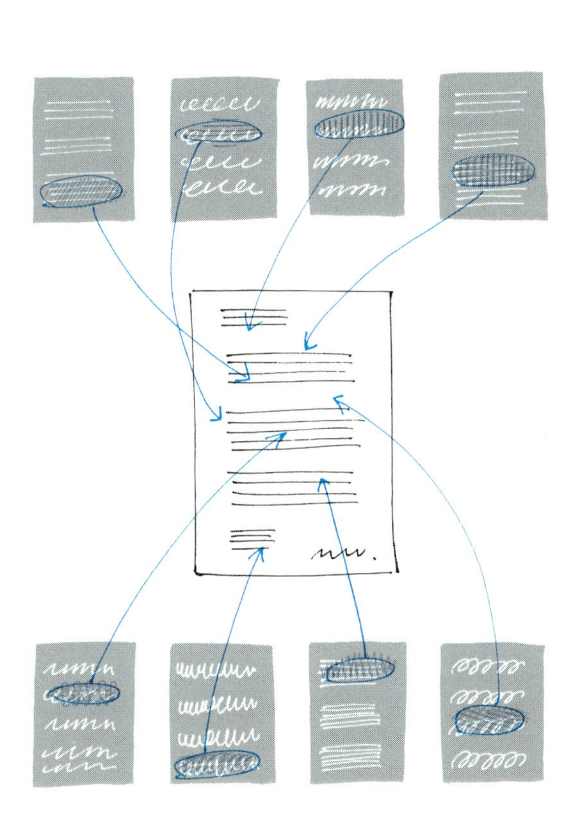

ー&ペーストして自分なりにアレンジするんです。あとは固有名詞や数字を書き換えればいい。

ただし、アレンジした元の英語が正しいか。コピペで出来た文章が、すっきり違和感のない文章に仕上がっているか。それに関してはまったく分かりません。分からなくても、自分の英語力だけで英作文するよりはよっぽどいい文章になるでしょう。

英借文は、そういうものだと割り切ってやるんです。

英借文とは、日本語の手紙文の「時候のあいさつ」と同じ

「英作文は無理。英借文しかない」――私自身、このことに気づいてから**ものすごく気持ちが楽になりました**。

ただ、上手に英借文するためには、準備も必要です。

つまりコピー元になる文章の手持ちを増やすことが大切になるんです。そのためにはネイティブの書いたビジネス文書や、外国から来たEメールなど、手に入った英文をひたすら収集しておく。つまり、テンプレートを貯めておくということです。

そのためには、当然ながら「読む」ことが出来なければいけません。**「読む」力がここでも生かされてくる**というわけです。**100万語を超える量の英文に触れていると、何気ない表現や分かりやすい英語に対して、分からないなりにも「いいな」と反応できるようになります。**

英借文なんて、とんでもない……と思う人もいるかもしれません。でも誤解しないでいただきたい。日本

語でも、実は私たちは同じことをしています。

たとえば**手紙の文例やビジネス文書**などがまさにそうです。

『ますますご清栄の段～』とか『平素は格別の～』とか『～お喜び申し上げます』とか『ご指導ご鞭撻を賜りたく～』とか。こういうフレーズはそれこそ、上司や先輩が書いた文書や文例集などからそのまま借りてきて使っているケースがほとんどでしょう。

英語のビジネス文書は、ここまで形式ばっていませんが、それでもパワーポイントなどで、主旨がバシッと伝わるフレーズなど、日本人の私たちには到底思いつきません。

だからストックしてある書式やテンプレートの中から、自分が言いたいストラテジーと似たようなストラテジーが書かれている文書を引き出してきて、パッパパッパとアレンジに精を出して、文書としての体裁を整えるしかないんです。

英借文用のテンプレートをストックせよ

外国人の同僚や上司の作った文書に限らず、自分の仕事に関係する分野のブログとか、ニュース原稿、新聞社や通信社の原稿などもチェックしておくといいでしょう。また、まったく違う分野のビジネス文書の中にも、換骨奪胎すれば自分のリポートの部品に使える文章や表現はたくさんあるものです。

とにかく**常に「これは、いつか使えそうだな」という視点で英語の文章を見る習慣、そしてそれをストックしておく習慣をつける**んです。

パワーポイントでプレゼン資料を作るときのために、他人がパワーポイントで作ったプレゼン資料を、ワードで作るときのためにはワードで書かれた書類を、たくさん集めてストックしておく。パソコン上に英借文用のフォルダを作って保存しておけばいいんです。言ってみれば、人の作った文章の“いいとこどり”というわけです。

私も実際に、オフィスで英借文をやっていました。「なんか、コイツの文章は上手そうだな」というのを見つけては、自分のストックにしていた。
　それでいいんです。なぜなら私たちが書こうとしているのはビジネス文書であって、文学作品じゃないんですから。
　結局のところ、語学にはロジカルシンキングが必要不可欠です。基本的な部分でロジカルシンキングが出来ないと、文章もまどろっこしかったりするでしょう。そう考えると、母国語である日本語だってなかなか正しく使えないのに、ましてや英語で作文なんてとんでもない。
　長ったらしくて、回りくどくて、何を伝えたいか分からない。そんな文章を自分で作るくらいなら、例文やテンプレートやフォーマットをたくさん集めておいて、それをアレンジするほうがよっぽどマシで、かえって親切です。
　他人の書いた文章のアレンジャーになる。これが「英語を書く」ための極意です。

作文より、借文より、まずはタイピング

英語で文章を作るのは英借文で切り抜ければいい（そうするしかない）のですが、現実問題としてそれを素早く作るのに欠かせないものがあります。

それがタイピングです。

キーボードとにらめっこしながら、一本指でモタモタと打っているようでは、英語でのビジネスなど到底おぼつきません。**物理的に「英語を書く」という場面において、タイピングは絶対に必要な基礎スキル。タイピングが出来て、その後に英借文です。**

また、最近の学生は、英語を筆記体で書けない人が多いという話も聞きますが、それでもまったく問題ありません。そもそも英語を手で書くというスキルなど必要ないのです。

そもそもアメリカ人が書かないんですから。彼らはサインをするとき以外、ほとんど手で英語を書きません。アメリカでは手書きというのは、英語を書くときの最低レベルの手段なんです。これはまったく日本と逆の考え方ですね。

その代わりアメリカのビジネスマンは、みんなブラインドタッチが出来ます。彼らに手で書かせたら、それこそミミズの這っているような字しか書けませんが。子どもみたいな字を書く人も多いし、ペンの持ち方もおかしい。カッコイイ人でも天才と言われている人でも、自筆のサインを見たらガッカリ、というのは間々あることです。

でも彼らはタイピングが出来る。つまり**向こうの人たちにとって英語を書くというのは、タイピング、キーボーディングのこと**なんです。

だから日本人も、全員、ブラインドタッチが出来るくらいにならなければいけません。成人してから英語を始める人も、ブラインドタッチのタイピングは覚えておくべきです。

最初は少し大変でしょうが、身につけるしかありません。この指が行ったところにどのキーがあるかというのは感覚で覚えるしかない。タイピングゲームなどを活用して体で覚えるしかないんです。つまり、これも筋トレなんです。

指二本入力だった人はもちろん、変なクセがついている人も、思い切って全部直したほうがいい。そうすると仕事のスピードや作業効率も、格段にアップします。

アメリカの小学校でも、内容よりもフォーマット

タイピングといえば、こんな話があります。

私がアメリカにいたときのこと。向こうで子どもを育てたんですが、あるときエレメンタリースクール（小学校）の関係者に話を聞く機会があったんです。

学校には「エッセイ（essay）」という授業がありました。日本で言えば作文です。それで、何を基準にしてどうやって評価しているのかを聞いてみたんです。

まず手書きのエッセイは評価が最も低いのだそうです。タイプライターで書いてあればよし。ワープロだとさらによし。それも、いろいろとフォントを使い分けすれば、もっとよし。これが最初の評価基準だと。

そして次がフォーマット。きちんと章立てしてあるとか、自分の主張と引用部分が明確に分かるように引用符やフォントを駆使しているとか、最後には引用した参考文献をリストにしてあるとか……。これが2番目の評価基準。

「じゃあ、エッセイの内容は？」と聞くと、「私たちはエッセイの内容そのものを評価はしない。極端に言えばそれが『人を殺してもいい』という内容であろうと

も、論理的に整合性を持って、論述されていればよろしい。見ているのは、そのエッセイがフォーマットされて、読みやすく整理されているかどうかだけだ」と。驚きを隠せませんでした。

逆にその学校関係者から「ミスター・ムラカミ、日本ではどうやってエッセイなるものを評価しているのか？」と聞かれました。

私が「日本だと、視点が子どもらしくて素直なものを……」と答えたら、相手はキョトンとしてました。今思えば、もう少しマシな説明があったかもしれません。でも日本の作文の評価はそうでしょう。「犬が元気にワンワンほえていました」というような具合で。

事ほど左様に、アメリカと日本では、「作文」に対する評価の仕方がまったく違うんです。

アメリカでは、いかにキッチリと形にのっとって書けているかが一番重要。彼らは小学校の段階からそう教えられて育っている。だから手書きをしないんです。

ビジネス文書でも論文でも、どんなに立派なことが書かれていようが、**読みにくかったらダメ**なんです。

もちろんそれだけが文章実務能力ではありませんが、とりあえず**フォーマット重視の社会**ということです。非常にシンプルな考え方です。

考えてみれば多様性を抱え込んだ人工の国です。宗教も民族も違う人たちで構成されているアメリカで、大人の一方的な価値観で内容を判断し、優劣をつけるなど出来ないのでしょう。一人ひとりの個性を大切にするからこそ、評価として内容よりもフォーマットを重視するのかもしれません。教育としては、まずフォーマットをたたき込む。

だから英語でビジネスをするならタイピング、ブラインドタッチが不可欠。多少苦労をしても身につけましょう。**このスキルは英語力と切り離せません。**

Chapter 5
英語を話す

聴くのは相手のレベル、話すのはこっちのレベル

「英語が出来る」ことの最終イメージは、やはり「英語をしゃべれる」、「英語で会話が出来る、議論が出来る」ということになるでしょう。皆さんもきっと、そう思っているはず。確かにインプットした情報や自分の考えを相手に伝えることが出来てこそのコミュニケーションです。「英語を話す」というアウトプットは、英語を身につける人たちにとって最大の夢と思われています。
「英会話スクールに通っているけれど、全然話せない」「外国人と話す機会そのものがない」「話そうとすると言葉が出てこない」……多くの人がつまずいているのも事実です。しかしここでも村上式で、シンプルに考えてみましょう。

英語ネイティブと会話する場合、英語を聴くのは、どうしても相手のレベルがベースになり、それにこちらが合わせることになります。しゃべっているのは相手なわけですから。

しかし英語で話すときには、当然こちらの英語力がベースになります。つまり聴くのは相手のレベル、話すのはこっちのレベル、こんな楽なことはありません。**堂々と自分のレベルで、落ち着いて話せばいい**んです。

日常英会話は5パターンしかない

日常の英会話では、「あいさつ」「依頼する」「質問する」「意思を伝える」「相手の意向を聞く」――この5項目以外の必要に遭遇することはほとんどありません。

あいさつする。お願いする。何かを尋ねる。「私はこうしたい」と意思表示する。相手はどうしたいのか聞く。日常の英会話で、この5つ以外に頻繁に出てくる内容があったら、逆に教えていただきたい。

つまりこの5パターンが、生活していく上での必要最低限の会話パターンです。ならば、これを覚えておけば、日常会話は何とかなります。

「あいさつ」は、いいですよね。

「依頼する」は、相手が主語か、自分が主語かによって、次の2つで、OK。

① Could you please～

Could you please write down your last name on this paper?

(事務的に) Please write down your last name on this paper.

② Can I～

Can I have a glass of water, please?
（気楽に）A glass of water, please.

「何かを尋ねるも」単純に疑問文だから、いいですよね。

「意思を伝える」は、その意志の強さの違う次の2つで、OK。

① I'd like to～　（～したい）

I'd like to take a vacation.

② I will～　（絶対～する）

I will go to Moscow Olympic.

「相手の意向を聞く」も、相手が主語か、自分が主語かによって、次の2つで、OK。

① Would you like to～

Would you like to have a cup of coffee?
（答えは）Yes, please. か No, thank you.

② Shall I～

Shall I make another copy?
（答えは）Yes, please. か No, thank you.

ウソだと思うかもしれませんが、私は、最初のアメリカ研修の3カ月間、上の表現だけで生き抜きました。つまり、究極のサバイバルイングリッシュというわけです。しかし、さすがにそれだけでは悲しいし不便なので、この5つのパターンについても、下の教材などを使って、もう少し表現の幅を広げておくに越したことはありません。しかし、日常会話はこの5パターンだけだという思い切りが、村上式のポイントです。

✓英会話の基本5パターンを身につける際の、おすすめ教材

これで話せる英会話の基本文型87（上野理絵／ベレ出版）
会話でよく使う87の「型」を、例文と文法解説つきで掲載。よく使う表現はそのまま丸暗記を。

自分に関する100の話題を丸暗記する

ただ、先ほどの5つ（「あいさつ」「依頼」「質問」「意思表現」「相手の意向を聞く」）が通用するのは、生き抜くのに最低限必要な日常生活での会話です。たとえば外国人と酒を飲むような場面においては、もう少し応用が必要になってきます。最初のうちは、外国人相手に何を話していいのか、話のきっかけがつかめないなど、いろいろと困ることもあるでしょう。

そこでオススメしたいのは、**自分自身に関する100の文章を、もちろん英語で、前もって作って丸暗記しておくということ**。仕事、家族、友人、趣味、スポーツ、出身地、好きな食べ物……。まず自分についての100パターンの英文を作っておくのです。

そして、たとえば相手がアメリカンフットボールの話をはじめたとしても、自分の好きなベースボールの話に持っていくんです。もう、そこは強引に。敵（相手）が何を話していようが、こっちのペースにしてしまうくらいの強引さも必要です。

それでも相手がアメリカンフットボールの話題に戻ろうとしたら、今度は、相撲の話に持っていく。ピザの話を刺身の話に持ち込み、相手の出身地の話を、自分の故郷の話に持ち込み……という感じでなんでもいい、とにかく自分のペースで話していれば、周りは「Mr. ○○、英語できるな」と思ってくれるもの。「日本の○○出身のおもしろいヤツがいる」と印象づけられる。自分の売り込みにもなるわけです。

✓ 自分自身に関する100の文章を作る際の、おすすめ教材

1分間英語で自分のことを話してみる（浦島 久、クライド・ダブンポート／中経出版）

仕事や趣味など、自分に関する40のトピックを収録。これを英借文して、自分用に書き換えましょう。

どんな話でも、自分の用意した100の話題に持っていく

とにかく、強引に自分の用意した100の話題に持っていく。これで外国人との夜のつき合い、パーティーやレセプションなどのつき合いでも、2時間ぐらいはなんとかなるもの。会話をしながら間を持たせることが出来るんです。

そんな強引な会話でいいのか？　と思う人もいるかもしれませんが、そのくらい積極的な姿勢で臨まないと英語を話せるようにはなりません。

思い出してみてください。

皆さんが普段している日本語での会話も根本的には同じです。

たとえば盛り上がっている飲み会。ここでは日本語で臨機応変にいろいろな話をしているように見えるでしょう。しかし、話題をよくよく分類してみると、なんのことはない。仕事の話、家族の話、趣味の話、スポーツの話、出身地の話、好きな食べ物の話……だいたいはこんなところでしょう。

英語の会話も話題は一緒。ただ、英語では話題を事

前に準備できていないだけです。
私が「自分自身に関する100の英文を作っておけ」というのは、皆さんが飲み会とか合コンで話をしている話題を、全部英語に直しておきなさいという意味なんです。

さて覚える英文ですが、話題ごとにワンパラグラフ、3行ぐらいで十分。で、たとえば、「私は九州の大分県生まれで、九州はvolcanoがあって、hot springも湧き出ていて、orangeもgood、fishもfreshで、特にSekiSabaというのがpopularで、それはswim through strong currentなのでslimでtaste good……」
というようなことを、100パターン、一生懸命英語に直しておくわけです。話題は多ければ多いほどいい。

事前に、日本語を英語に直してないから、いざ会話ってときにしゃべれない。英語が出てこないのです。いきなり英語で何か話せと言われたって、準備が出来てなければ誰だって話せません。日本語だって、オタオタする人もいるはずです。

日本の合コンに出るつもりになって、自分のアピールポイントを100項目くらい書き出して英語に訳して、覚えておく。そうすれば外国人と対峙して2時間はもつ。**2時間もつようになれば、英会話はなんとかなります**。それが、村上式シンプル勉強法の、「話す」分野における当面のゴールです。

なんでもそうですが、**最終的には「話したヤツが勝ち」です**。だからそのための準備だけはしっかりしておきましょう。

話すことで「マイ・ストーリー」を磨く

この「自分に関する100パターンの英文」は、私の経験から生まれた方法です。

私は生来がおしゃべり人間で、アウトプットをしないとフラストレーションがたまってしまうんです。

30代で外資系の会社に転職したときのことです。研修でアメリカに行くと、当然そこでは周囲は外国人だらけ。でもそこは私の性分で、なんとか自分のことをアウトプットしたくてしかたなかった。だったら外国人相手に英語でしゃべるしかありません。しかしその頃は英語なんて全然出来ない。1回目の研修は、あの5パターンのサバイバルイングリッシュで生き抜きましたが、フラストレーションはたまりまくり。さてどうすればいいか。

その結果、思いついたのが **“自分にまつわる100パターンの英文を丸暗記”** という作戦だったんです。

「オレは九州・大分県の佐伯市くんだりから出てきて、京大でどうこうして、そのときはスチューデントパワーがすごくあって……」というように、いわば自叙伝を語ることでアウトプットをしようと試みたわけです。

日本に帰ってきてから、早速、なんとか、100パターンを英借文して、丸暗記し、ことあるごとに機会を探していました。

だから仕事で外国人が来日しようものなら、その人は即、私の“英語の自叙伝”の犠牲者。すぐに案内役に立候補して、やれ六本木だ、銀座だ、浅草だと東京見物に連れて歩いてはその間中、“ノリオストーリー”を語りまくったものです。

私はいつも同じ話をしていますが、相手はその都度、初めて聞くわけです。

「ああ、そうか。ノリオは九州島から来たのか。お前が学生の頃の日本でもスチューデントパワーが荒れ狂ってたのか」

という話になる。そして**相手から質問されたりする中で、自分の100パターンの内容がドンドン洗練され、さらには膨らんで、バリエーションがついていったん**です。

数年の間、100の自叙伝をネタにしていれば、だんだんその100パターンが広がっていきます。そうやって自叙伝に関しては、日本語と同じくらいにしゃべれるようになっていったんです。

自分の周囲の「関心事」も、英語で言えるようにしておく

好きなものや自己紹介だけで100も書けないという人がいるかもしれません。

でも私が言っている“自分に関する100パターンの英文”とは、自己紹介に限りません。

自己紹介はもちろんですが、その多くは飲み屋話に近い話題です。居酒屋で酒を飲んで話すような話題でいいんです。

仕事の話だったら、日本の自分が携わっている仕事の内容からはじまって、その業界全体が抱え込んでいる問題や、自分が考える業界の将来の展望など。仕事というキーワードだけでも、そこから派生することが山ほど書けるはずです。

自分に関する100という意味は、自分の来し方や行く末、生い立ちといったプライベートなことだけではありません。**自分の関心のあることを書きなさい**ということなんです。

自己紹介だけで100パターン作ろうとするから、すぐネタ切れになってしまいます。そもそも「あなたってどういう人？」という問いに、日本語だって100パ

ターンも答えを用意できないのが当たり前。仕事のこと、親のこと、兄弟のこと、会社のこと、趣味のこと、ボランティアのこと……。自分と自分の周囲の関心事を書かなければ、とても100なんていかないでしょう。

極端な話、外国人の女の子と会って「彼氏にフラれた」という話になることもあるかもしれない。そうなったら慰める役に回らざるを得ないこともあるかもしれません。そんなときでも100の中に自分がフラれたときの話があれば対応できる。これも酒飲み話。日本人の知り合い同士ではいつも話していることです。

女の人でも同じです。女性同士でもそういうことがあるはず。失恋した友達と飲んで、
「あんな変なオトコ、忘れちゃいなよ」
「オトコのほうが見る目がないんだよ」
「世の中にはオトコなんて星の数ほどいるんだから」
……などなど。そういう話をしてるはずです。それと同じことを英語でもいえるように準備しておきなさいと。自分に関する100本とは、そういう意味なんです。

さらにChapter 2の「英単語を覚える」の訓練も並行して続けていることを前提に考えれば、月日を追うごとに自分の中の「英語で記述された世界」も広がっているはず。

そうするとその世界記述が、100の文章に織り込まれてきます。読んでいる英語の本がサスペンスや探偵モノからノンフィクションに変わってくる頃には、100の中にもノンフィクションの要素を入れたくなるもの。**インプット（読む、英単語）とリンクすることで、アウトプット（話す）がより広がっていく**んです。

発音は朝晩のボイストレーニングで

ただし、相手に理解してもらうためには、発音の練習は必要になります。といっても村上式の発音練習は実にシンプル。**朝晩のボイストレーニング**です。

ａｂｃｄｅ……というアルファベットを、朝起きたときと、夜寝る前に、毎回10回声に出して言うんです。

そのときの言い方、声の出し方には少々コツがあります。それは、ただ口先で「ａ、ｂ、ｃ……」と言わないこと。たいていの日本人は、英語を話すときに口先の浮ついた声で、普通よりも若干シャープしたような発声になってしまう。これではダメです。

まずお腹に力を入れます。そして唇を硬くする。ここでいう"唇を硬くする"とは、自分の顔を鏡に映して見たとき、唇が口の中に巻き込まれて薄くなっている状態のことです。

この状態で口を大きく開けて、こころもち**声をノドの奥のほうから出す感じで**声を出します。勢いをつけて、あらためて腹に力を入れて「Ａ！ Ｂ！ Ｃ！……」とＡからＺまでを、ゆっくり、そして大きな声

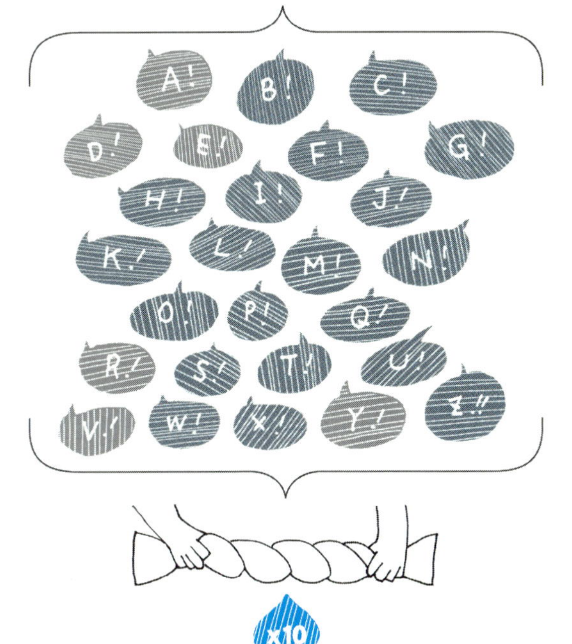

x10

でシッカリ発声していくんです。シッカリと言うのは、英語の音は、すべて破裂音と思って発声しろという意味です。　破裂音と言うのは、正確にはBやPだけでしょうが、村上式では、アルファベットすべて、破裂音と思って、発声します。

声を出すときにお腹に力が入らない人は、**タオルや手ぬぐいを握って、ねじりながら言う**といいでしょう。

このやり方で、朝起きたときと夜寝る前に、アルファベット全文字を10セットずつ声に出して言います。英語の音はほとんどアルファベットの中に含まれているので、この方法で英語をしゃべるためのボイストレーニングが出来るというわけです。

私がこの朝晩のボイストレーニングを思いついたきっかけは、30年後の今となっては、うろ覚えですが、『英会話革命』（島田裕之著）という本でした。そこに「発音はボイストレーニングをやりなさい。やるときは腹式呼吸をしなさい」と書いてあったんです。

呼吸法の説明などに関しては、あんまり納得しなかったんですが、そこにあった「乾いたタオルを両手で持ってギュッとねじる、その力の込め方が分からなければ発音はダメだ」という考え方には大いに納得しました。それでアルファベットをひたすら声に出して言うという方法を編み出したんです。

さて、このボイストレーニングを続けていると、英語を話すときの発声が、ノドの奥全体が響くような、野太い低い声になってきます。自信のある、腹の据わった声になる。男性も女性もそうなります。

だまされたと思って、この村上式ボイストレーニングを朝晩10回セットでやってみてください。間違いなく自分の英語をしゃべる声が変わってきます。

「R」と「L」の違いなんて気にするな

英語の発音における日本人最大のハードルは「R」と「L」が言い分けられないことだ、といいます。だからたとえば、「rice（米）」と言ったつもりがネイティブには「lice（シラミ）」と聞こえてしまうと、私たちは脅され続けていますよね。そういうこともあり、多くの人がこの発音で苦労してきたのではないでしょうか。

でも、村上式はここでもシンプルでいきます。

「R」と「L」の違いなど気にしなくて構いません。そう割り切ってしまったほうがいい。

私もいまだにきちんと発音できていません。時には「R」と「L」の違いを意識して話すときもありますが、会話がドンドン進むうちに、もうメチャクチャになっています。

それでも困らないんですよ。私の発音を聴いた相手は「ノリオはRとLは言い分けられないんだ」と分かります。すると相手が、今はどっちのことを言っているのかを判断してくれますから。今言っているのは「rice」であって「lice」のことじゃないな、と。

基本的にビジネスの現場でネイティブ相手に話すときは、先方がちゃんと理解してくれます。そんなことに勘が働かないヤツと仕事なんか出来ません。時々は「エッ、何？」とか言われて、「違った。r○○じゃなくて、l○○だ」と言うこともありますが、それでも、なんてことはありません。話の流れの中で訂正すればいいだけのことです。

もちろん、「R」と「L」は違うんだということは知っていなければダメだし、ボイストレーニングのときには、極端に舌の位置の違いを意識して練習をする必要はあるでしょう。ただ、議論の最中には必要以上に意識することはないということ。**発音だけに縛られて、話が出来なくなる、言葉が出てこなくなるのでは本末転倒もいいところ、大きなマイナスです。**

外国人に受けがいいのは、ジョーク

自分のことを100の文章にするのとは別に、覚えておけば得をする外国人に受けのいいネタがあります。それはジョーク。

実は海外の知人からは“ノリオのダーティジョーク”って言われているんですが、私が時々外国人相手に使ってるジョークがあるんですよ。ダーティというかブラックというか。こういう話題はなかなか微妙なところがあるので、ある程度の英語のレベルが伴わないといけないんですが。参考までに少しだけ。

My father's generation made many mistakes. Terrible things for Asian people particularly. The worst mistake they did was that they sent Zero fighters to Hawaii. Our generation changed the strategy. We are sending JAL to occupy Hawaii.
――分かりますか？　だから、今やワイキキビーチは、ジャパニーズばっかりじゃないか、みたいな話なんですが。

ほかには、これは誰かから仕入れた話ですが、
"What is the best way to live in this world?"
"Work for American company, live in British house, eat Chinese meals, and get married with Japanese wife."
"Guess what. What is the worst way to live in this world?"
"Work for Chinese company, live in Japanese house, eat British meals, and get married with American wife."
——というもの。これはアメリカ人が大笑い。女性がいた場合には、大笑いする人とムッとする人に分かれるという。ジョーク的には微妙かもしれませんが。

これがだんだんと下ネタ風になっていくと、
Best samurai exhibition was held in front of Syougun. No. 3 samurai took out a fly and released him. The fly was flying ZZZZZZ. Then he used samurai sword once"Ei!" The one wing of the fly fell and the fly fell

too. Every audience applauded.
"Pati, pati, pati!!!" No. 2 samurai took out a fly and released him. The fly was flying ZZZZZZ. Then he used samurai sword twice"Ei Ya!" The two wings of the fly fell and the fly fell too. Every audience applauded."Pati, pati, pati!!!" No. 1 samurai took out a fly and released him. The fly was flying ZZZZZZ. Then he used samurai sword once"Ei!" The fly was still flying. Syogun got angry."You missed!" The No. 1 samurai said."No, no ,no, His Majesty. The fly cannot make love anymore."
――分かりますか？　つまりオスの大事なところだけ斬りましたということです。品があるかないかは別にして、身ぶり手ぶりつきでやれば、大いにウケます。
もう少し知的なのをご希望ならば、次のは、どうですか？
In early 1980s a critical Politburo meeting was held at USSR, since USSR faced serious economical problems. One young member proposed a solution. He

said,"Comrades! Look at Germany and Japan. They declared war against USA and lost. Then they got help from USA and are now very prosperous. Let's start war against USA and lose. Then we will get help and become prosperous." All other members agreed except one old Bolshevik. He said, "Well. It sounds a good idea but I have a concern." The irritated others asked"What is it?" He said, "Well. What should we do, if we win?"

この話のミソは、Politburo（政治局）とか、Comrades（同志諸君）とか、Bolshevik（レーニンの率いた党派の名前）とか、あまり知的でないアメリカ人だと、チョット萎縮するような旧ソ連邦起源の言葉がちりばめてあるところです。

内容も、戦争の馬鹿らしさを笑い飛ばすような内容で、チョットだけ知的な雰囲気もあり、日頃、「英語の下手なやつは馬鹿だ」と思ってるようなたまにいる馬鹿なアメリカ人、つまり、ノリオは馬鹿だと思ってるヤツに話して、溜飲を下げていました。

自分の土俵で勝負する、もうひとつの方法

「村上さんは外資系企業に勤めていたから、外国人と接するチャンスがあったんだろう」という声も聞こえてきそうですが、そんなことはありません。

冒頭でお伝えしましたが、私は帰国子女ではありませんし、留学経験もゼロ。初めての海外は30歳になってからです。30年前の日本には外国人は今ほどいませんでしたし、高校までは大分にいたので、外国人とすれ違うことさえなかったのです。

一方、今の時代は恵まれています。これだけ外国人が日本中を歩き回っている時代なのですから。生きた英語の教材が歩いてると思えばいい。ガンガン出ていって話しかければいいんです。「私のアウトプットの犠牲者がいた！」という感じで。

前に、外国から人がくるたびに案内役に立候補しては、つたない英語で東京名所案内をしていたと書きました。

このアウトプット経験が、「英単語を覚える」「読む」「聴く」といったインプットスキルとあいまって、英語力の伸びにつながったのです。

先ほど「自分のことを話す」という形で、自分の土俵に持ち込むという話をしましたが、「東京案内」もまさに同じこと。東京という「自分の土俵」で、相手が知らないことを英語で教えるのですから。自分の知っていること、得意なことを、英語で伝える。**相手よりもやや優位なシチュエーションに立って、英語を話す練習をする。これはメンタル面でも大いに強みになるはずです。**

外国人が地図を持って道に迷っている様子であれば、積極的に話しかけてみる。それだけでも違います。地方に住んでいる人でも、地域の観光ボランティアといった形で英語で話す機会があるかもしれません。

今は海外に行く予定がないという人も、意識的にアウトプットをする機会を探してみるといいでしょう。

エンタメ英語、ゴマスリ英語を恥ずかしがらない

とはいえ、知らない外国人だと「気後れして声なんかかけられない」という問題が出てくるでしょう。

確かに性格とか気持ち、メンタル的な資質の部分で、英語が上達しやすい人と上達しにくい人はいるかもしれません。特に日本人は見ず知らずの人に対して引っ込み思案になりがちで、オープンになるのが苦手なところがありますから。

私の場合は、おしゃべりで、負けず嫌いで、キッチリ準備をしておきながら「全然してません」という顔をして、サラッとやってのけたい性格です。典型的な田舎の秀才タイプで、ひたすらな上昇志向。こういうツカレル性格が英語を身につけるのに役立ったとも思います。

とはいえ私も恥ずかしい思い、気後れしてしまう経験はたくさんしています。

たとえばアメリカで開かれた外国人との会議の席上。そこで日本人同士だけど気心は知れてない、面識もないほかの会社の駐在社員と会ったとします。こういう

とき、お互いにすごく気まずいんですよ。気まずいというか、恥ずかしい。

お互いに外国人に受けようとして一生懸命に英語を話しているわけです。お互いに恥ずかしい日本人を演じてる。しかもそのときの相手の気持ちが分かるがゆえに、何とも気恥ずかしいんです。

本当は、口をグッとへの字に曲げて、多くを語らずに、ポイントだけをビシッと言って、「さあ、参ったか」と決めたい。武士とかサムライのイメージそのままに、寡黙でやるときはやる、みたいにやってみたい。なんだけど、そこでチャチャチャチャって、汗かいて身ぶり手ぶりで話している。いくら仕事だと割り切っても、これは恥ずかしいですよ。

お互いに「おぬしも苦労しとるのぅ」というシンパシーはあるけれど、それこそは"武士の情け"で、あまり追及はしないんですが。

でも、そういう**段階を経ながら経験と訓練を重ねれば**、チャチャチャチャっとせずに、それなりの**風格のある英語を話せるようになっていきます。**

最初の段階では、日本人の英語は誰もがみんな“外国人エンターテインメント英語”であり“宴会英語”です。つまり“外国人受けする、外国人を楽しませている英語”ということ。

たどたどしい英語のくせに強引に自分のことを話す、いい大人が汗をかきながら会議でカタコト英語をしゃべる……。見ようによっては、アメリカ人に媚売って、太鼓持ちみたいなことして、ゴマをすっている……ように見える英語なんです、最初のうちは。

私も日本に来た外国人のアテンドなどでは、エンターテインメント英語ばかりでしたから。正直なところ「コンチクショー！」と自己嫌悪に陥ることもありました。「オレはいったい何をしてるんだ」と内心忸怩たることも何度もありました。

でもそこを我慢して乗り越えていくことで、それこそ本当に丁々発止と日米間の深刻な問題について堂々と渡り合える、語り合えるようになるんです。

そこへ到達するためには、恥ずかしさを捨てなければダメ。心や精神も鍛えなければいけないんです。

自尊心が強すぎると、その恥ずかしい段階、外国人エンターテインメント英語の段階を超えられない。でも英語を身につけたいなら、そこは割り切るべきです。「なんで外国人に媚売って、ゴマすって、オベンチャラ言わなきゃいけないんだ。オレは英語は出来ないけど、そこまでして英語をしゃべろうとは思わないよ」なんて言ってる連中は、最終的に路頭に迷う、と思うくらいに割り切ってしまいましょう。

メンタルの部分ばかりは、自分で乗り越えて克服していくしかありません。そのためには日本人特有の自尊心を、捨てるのではなく、コントロールすることを覚えたほうがいい。英語を身につけるという、自分が目指すもっと上のほうに目を向けるべきなんです。

今こそ
英語を本気で身につけよう！

そもそも、「外国人と話すのは恥ずかしい」などと言っているようでは、これからの世の中は厳しいですよ、本当に。

世界を見ても、英語をしゃべれない大卒生を輩出してるのは日本の大学ぐらいですから。

私は会社の内定者研修で、「入社前にやっておくこと」として、これらのメソッドを説明しています。彼らには内定が決まった秋から、翌年の春までの約半年、自分のために使える貴重な時間がありますから。その半年を、英語に集中してみろと話をしているのです。

本気で毎日、それこそ英語漬けになって、2台目の自転車のように乗り方を身につけてしまえば、社会人になってからの選択肢は、無限に広がります。仕事のチャンスも増えるでしょうし、休暇の楽しみ方も増えるでしょう。

社会人でも遅くはありません。

私自身、31歳になってから本格的にはじめた英語です。

しかしながら、そこから米国企業の経営に携わるほどになったのです。

外国人に英語で話をするのが恥ずかしいという「だけ」で、その先にある大きな可能性を捨ててしまってはもったいない！

私でも出来たのですから、あなたでも出来ます。

その一歩を、ぜひ今から踏み出してください！

Epilogue
英語の勉強に終わりはない

最後まで読んでいただき、ありがとうございました。

この本を読んで、多くの人が本気で英語に取り組んでもらえれば幸いです。そして、長い長い英語学習の道のりで、挫折しそうになったとき、苦しくなったときに、再びこの本を開いて、やる気を取り戻してもらえればと思います。それが、「村上！　そこまでやっても、それっきしの英語力かよ」と言われるであろう恥を忍んで、村上式を公開する理由です。それは、30年ほどの昔に3、4年実行したこのやり方が、引き続き有効だと考えるからでもあります。

英語の勉強法は、人それぞれです。私には、この村上式がピッタリ合ったわけです。ですから、皆さんは、村上式を何から何まで全部やる必要はありません。「なるほど、こういうやり方もあったか」と思えるところだけ、適宜に利用していただければ、望外の幸せです。

さて、この村上式シンプル英語勉強法は、30年近く前、50冊ほど漁った先達たちの勉強法から多くの示唆を得て編み出されました。それらの本のすべては、日米に渡る度重なる転居の間に散逸してしまい、もはや手元にありません。本来ならば、それらのすべてを列挙して、クレジットを明示すべきところですが、書名すら思い出せません。申し訳なく思うとともに、それらの先達の皆様に、心から感謝申し上げます。

その中で、最も影響を受けた松本道弘先生のお名前は、忘れることが出来ません。「読む」の目標とした、『ニューズウィーク』の日本語版と英語版の話は、先生が似たようなお話をどこかで書かれていたと記憶します。そのお話を目標にしながら、英語を勉強していた30年前が懐かしく思い出されます。留学もなさらず帰国子女でもなく、私が足元にも及ばない、日本を代表する英語の達人となられた先生が、ご健在でご活躍であることを大変心強く思います。松本先生、ありがとうございました。いつまでもご健勝で、中途半端な私たちを叱咤激励してください。

最後になりましたが、この本を書くにあたってご協力いただいた多くの方々、渋る私を説得してくれたダイヤモンド社の和田史子さん、取り留めもないオシャベリを手際よくまとめてくれた柳沢敬法さんには、心から感謝を伝えたいと思います。本当にありがとうございました。

それから、私の拙い英語に辛抱強くつき合ってくれた、多くの英語ネイティブの方々へも、Thak you very much!!!

小学校1年生からの英語義務教育化が、一刻も早く実施され、村上式のような苦労をせずに、日本人が英語を出来るようになり、「日本人は英語が出来ない」という話が、驚きをもって昔話として伝えられる日が来ることを、心から願っています。

そんなことを言うと、またぞろ、「お前、日本語はどうするんだ？」とお叱りを受けそうなので、先回りして付け加えさせてください。

私は、現行の中学入試準備で課せられている「言葉の知識」、つまり、漢字の二字熟語、四字熟語、ことわざ、慣用句、故事成語、いろはカルタ等のツメコミや丸暗記が、小学生全員に課されるべきだと考えてもいます。いや、それにとどまらず、百人一首の丸暗記、漢文の素読も課したいくらいです。人間の思考の土台となる言葉の習得は、小学生の時期が最も効率がいいと思うからです。

これらの全面展開や日本の教育改革については、また別の機会にしたいと思います。

2008年7月

村上憲郎

文庫版のための追加章

「英語を」ではなく、「英語で」勉強してみよう！

会計学は
英語「で」勉強すれば一石二鳥

今や、英語の運用能力というのは、英語「を」勉強することだけで得られるレベルにとどまらず、英語「で」勉強することによって獲得されるレベルが求められるようになってきました。しかし、英語「で」勉強するといっても、どうすればよいのでしょうか。

たとえば会計学で言うと、大学の3、4年次になると「英文会計」などの課目があるかもしれませんが、これらをさっさと勉強してしまいましょう。というよりも、「会計学I」とか「簿記概論」といった課目は、英語で勉強した方が一石二鳥ですよ、と言いたいのです。

なぜなら、貸借対照表を習う時、「これは、BS（Balance Sheet）と呼ばれます」と、せっかく教わっているのですから、英語はそこまでなんて、もったいないことだからです。全部、英語「で」勉強したらいいではないですか。損益計算書だって、「これは、PL（Profit & Loss Statement）と呼ばれます」で終わらせないで、全部、英語「で」勉強したらいいと思います。

なぜ、そのように薦めるかというと、大学生が勉強させられている「会計学I」とか「簿記概論」の科目は、「日本語で」勉強していると思っているかもしれませんが、そうではなく「漢語を」勉強させられているのです。

明治時代に創られた「和製漢語」ではありますが、「漢語＝外国語」に違いありません。同じ外国語を勉強させられるのなら、グローバル人材に必須となってしまった英語「で」勉強するほうが、一挙両得というものではありませんか。

かと言って、「なるほど」とばかりに3、4年次に履修予定の「英文会計」の教科書に飛びつくのはお薦めできません。なぜなら、この課目は1、2年次に簿記と会計について「和製漢語で」十分な知識を習得した人が、その習った「和製漢語」を元の「英語」にリンクし直す課目だからです。

つまり、簿記と会計について教える教科書にはなっていません。事程左様に迂遠なカリキュラムなんか無視して、はじめから英語「で」簿記と会計を勉強することを薦めたいのです。

「和製漢語で」会計を勉強するからわかりにくい

実は、既に「和製漢語で」勉強することの解り難さは気付かれています。この分野でよく例にあげられるのは、和製漢語で「売上原価」というものです。

ビジネスでは、商品を仕入れて売るというのは最も基本的なことですが、商品は、仕入れるときには複数量を仕入れて、売るときには1つずつ売れるというのが、これも通常です。さて、ここで初学者が陥る最も初歩的な誤解は、「売上原価」とは、この仕入れた複数量全体の仕入れ価格の合計額だと思ってしまうことです。

ところが、「売上原価」の元々の英語はCOGS（Cost Of Goods Sold）です。つまり、「売れた商品の原価」という意味ですね。COGSという表現は、言外に「売れ残っている商品については、何も言ってないよ」と言っています。この話は、「売れ残っている商品」は、和製漢語では、「棚卸在庫」、英語では、「Inventory」と呼ばれ、資産勘定に残っているという話に展開していきますが、それはこの記事の役目ではありません。

COGSの例に典型的なように、簿記と会計は「英語で」勉強した方が、「和製漢語で」勉強するよりずっと解り易いのです。前述したように、このことは既に気付かれていて、従来の「英文会計」といった導入ではなく、最初から簿記と会計を「英語で」教えてくれる教科書が「日本語で」数冊、出版されています。願わくは、日本の大学が「会計学I」や「簿記概論」を、「和製漢語で」でなく、「英語で」教え始める日の近からんことを祈っております。

「法学概論」なら ILEC 受験者向けのテキストを

さて、「法学概論」のほうですが、こちらも、簿記や会計に負けず劣らず、難解な「和製漢語」の宝庫です。こちらの分野で「英文会計」に相当する御役目を仰せつかっている課目は、「英文契約書」です。

学生諸君でなくとも、グローバル時代に備えてビジネス英語ということになると、英文契約書ぐらい読めるようになりたいと思い、「英文契約書の読み方」（同名書籍が偶然あったとしても、その本が悪いという意味では全くありません）といった類の本を手に取られて、それこそ「hereinafter」とか「hereby」とか、「whereas」といった、簡単そうで今まで見たこともない単語に出くわして、慌てている方もおられることでしょう。

「英文契約書の読み方」を勉強されることは、決して無駄ではありませんが、それよりも大切なことは、「法学概論」を「英語で」勉強することです。

「法学概論」を「英語で」勉強する手っ取り早い道は、英国のケンブリッジ大学が実施しているILEC（International Legal English Certificate）に挑戦してみることです。

実際に受験するかどうかは別にして、ケンブリッジ大学から出版されている、この試験の受験者向けのテキストを勉強されることをお薦めします。

なぜかと言うと、このテキストは、ローマ法に始まりナポレオン法典に結実したCivil Law（民法というより大陸法）とCommon Law（英米法）の淵源の違いから説き起こし、その上で、Company Law（会社法）、Contracts（契約法）、Employment Law（労働法）、Sales of Goods（物品売買法）、Real Property Law（不動産法）、Intellectual Property（知的財産権法）、Negotiable Instruments（手形小切手法）、Secured Transactions（担保付き取引）、Debtor-Creditor（債務者・債権者関係）、Competition Law（競争法）、Transnational Commercial Law（万国商法）といった、およそビジネスに必要な法体系の全てを簡潔に学ぶことが出来るようになっているからです。

例えば、Contracts（契約法）について学べば、単に「英文契約書が読めるようになる」ことにとどまらず、契約の承継にまつわる様々な仕組み、AOR（Assignment Of Rights: 権利譲渡）やDOD（Delegation Of Duties: 義務移転）、それに伴う3PB（3rd Party Beneficiaries: 第三享受者）の扱い、等についても解りやすく解説されていますので、Contracts（契約法）の全体についても理解できます。

英語が苦手という人は中学英語教科書の音読を

しかし、読者の中には「と言われても、英語は中学以来、不得意だったので無理！」と思われる方もおられると思います。

心配いりません。これまでお薦めした簿記や会計、法学概論を英語「で」学ぶのに必要な英語力は、語彙は別にして、中学英語が身についていれば十分です。「その中学英語が身についていないんです！」という声が聞こえてきそうですので、そういう方のために中学英語を身につける方法もお薦めしておきます。

まず、中学英語の1年、2年、3年の教科書3冊を手に入れて下さい。最近の教科書には、教科書をネイティヴ・スピーカーが読み上げているCDが別売りされていますので、それも手に入れて下さい。

皆さんがやるべきことは、毎日1時間、そのCDを聞きながら同時に、そのネイティヴ・スピーカーの読み上げと声を揃えて、教科書を音読するということだけです。

「覚えよう」とか考えないで、ひたすらCDに声を揃えて音読するのです。まるで、お坊様の声に揃えて、お経を唱えるが如くです。そうして1ヵ月もすると、その1時間分の英語が、道を歩いている時や電車の中でも、「頭のなかで鳴る」ようになってきます。そうなってきたら、次の1時間分に進みましょう。

1年程これを続けて行けば、中学英語の1年、2年、3年の教科書3冊分の英語が、道を歩いている時や電車の中でも、「頭のなかで鳴る」ようになってきます。そうなれば、「中学英語が身についた」ということになります。お薦めした簿記や会計、法学概論を英語「で」学ぶのに必要な英語力は、語彙は別にして、身についたということになるのです。

中学英語が「頭のなかで鳴る」

ちなみに、このレベルの英語力というのは、グローバル人材の第一段階である、インターナショナル人材に必要とされる英語力に相当します。インターナショナル人材とは、海外出張を平然とこなすことの出来る人材です。中学の英語教科書の１年、２年、３年の３冊分の英語が、道を歩いている時や電車の中でも、「頭のなかで鳴る」ようになっている人ならば、飛行機を国際線からローカル線に乗り換えたり、ホテルにチェックインしたり、レストランで注文したり、といった海外出張で最も重要な「生き残り英語」は、十分こなせるというわけです。

さて、この項は、どちらかというと文系向けの内容であったと感じている理系の方もおられると思いますので、付け加えておきたいと思います。英語「で」勉強することをお薦めした簿記、会計、法学概論といった内容は、この社会の基本的な仕組みを理解する極めて具体的な内容です。

自分は、理系なので関係ないと思っていられるとしたら、それは大きな間違いです。もし、あなたがそうお思いでしたら、あなたこそ簿記、会計、法学概論を勉強すべき人なのです。そして、勉強するときは、お薦めしたように「英語で」勉強して下さい。

理系学生は
2次方程式の解の公式を「英語で」

とは言いつつも、理系の方向けに、英語「を」勉強する取っかかりをお薦めしておきたいと思います。その方法は、理系としてお馴染みの方程式、例えば、マックスウエルの電磁場方程式を、「英語で読んでみる」ことです。マックスウエルの電磁場方程式でなくとも、それこそ2次方程式の解の公式を、「英語で読んでみる」ことをお薦めします。

初めて、そのようなことを試みられる皆さんは、2次方程式の解の公式ですら、英語「で」読めない自分に、愕然とされることでしょう。日本語「で」数学や物理学を勉強してきた我々は、数式すら英語「で」読めなくなってしまっているのです。「数式を英語で読む」ための参考書も数冊、「日本語で」出版されていますが、理系の方々にお薦めしたいのは、それにとどまらずに、数学や物理学を英語「で」勉強し直すことです。

学生諸君は、今現在、線形代数の講義を受けているのであれば、米国のLinear Algebraの教科書を手に入れて、併読してほしいのです。既に卒業されておられる方も、米国の数学や物理学の教科書を手に入れて、復習を兼ねて、英語「で」勉強しなおしてほしいのです。それが、理系人間として、グローバル人材としての段階を登っていく上で、必ずや役立つ日が来ると確信しております。

量子力学を「英語で」勉強してみよう！

ここでは端的に、ネット上で公開されているStanford大学のLeonard Susskind教授の「The Theoretical Minimum」と題された物理学の講義を視聴されることをお薦めしたいと思います。これは、いわゆるMOOC（Massive Open Online Course）と呼ばれるものの1つです。

MOOCは世界の有名大学が、自らの講座をネット上に公開しているものの総称で、主に「英語で」講義がなされているものが中心であり、中には単位の認定を受けられる講座もあります。事ほど左様に、ここでも世界の趨勢は、勉強は「英語で」するということになったということが、端的にうかがわれるわけです。

さて、この「The Theoretical Minimum」は、Stanford大学の提供しているContinuing Studies（生涯学習）の1つですから、社会人向けの物理学の講座であります。「社会人向け」と称していたとしても、よくありがちな「数式を使わない」といった「お話講座」では全くありません。

その逆で、「Classical Mechanics（古典力学）」

「Quantum Mechanics（量子力学）」「Special Relativity and Electrodynamics（特殊相対性理論と電磁力学）」「General Theory of Relativity（一般相対性理論）」「Cosmology（宇宙学）」「Statistical Mechanics（統計力学）」という6つのコース全てについて、それを記述するのに必要な数学が平行して導入される内容となっております。

ですから、この講座を視聴すると、同時に、微分積分、微分方程式、正準方程式、線形代数、ベクトル解析、テンソル解析等々の数学も、「英語で」勉強できるのです。このことが、私が、理科系の方にこのコースの視聴をお薦めするもう1つの理由でもあります。

白状しますと、私自身、数学があまり得意ではなく、物理数学という形でしか数学が理解できないので、余計にそう思うのかもしれませんが。

直接視聴していただくにしくはなし

たとえば、「Quantum Mechanics（量子力学）」ですと、まず「状態」という概念を記述するために線形代数が自然に導入されます。それも、ケットベクトルとブラベクトルというわかりやすい形が取られます。しかもそれはスピン状態という実りの多い量子状態を例として導入されます。実りが多いというのは、後に「量子もつれ」を解説する上で有用だということと、「量子もつれ」を解説する上で「テンソル積」を導入する上でも理解しやすくなるという意味です。

これ以上の内容の紹介は意味がなく、後はただ「直接視聴していただくにしくはなし」ですが、あと一つだけ付け加えさせていただきます。それは、この量子力学の講義は、いよいよ実用の兆しが見え始めてきた量子コンピューターを理解する上でも最適だということです。

たとえば、2015年10月に刊行された『量子計算』（西野哲郎他著、近代科学社刊）は、量子コンピューターの最新のテキストですが、その量子式デジタルコンピューターの章は、テンソル積を基本として展開されております。したがって、この「量子力学」の講座を視聴し終えた方は、ぜひ、その実りとして、この『量子計算』をお読みになられることをさらにお薦めします。

数式を英語で読む

なお、この講座自体の書籍化も進んでおり、『Classical Mechanics（古典力学）』『Quantum Mechanics（量子力学）』が刊行済みで、日本語訳も日経BP社から刊行されております。ただ、ここでも「英語で」読むことを、強くお薦めする次第です。そのためにはまず、「数式が英語で読める」ようになっている必要があります。

たとえば、2次方程式の解の公式（quadratic equation formula）は、皆さんは、「2a分のマイナスb、プラスマイナス、ルートb2乗マイナス4ac」と覚えておられると思いますが、これを英語で読むと次のようになります。「minus b plus or minus the square root of b squared minus 4 times a times c over 2 times a」。講義でもこのような流儀で読まれますので、この際、数式を英語で読むということも、数冊刊行されている参考書を読まれて、まず、身に付けておかれることをお薦めします。

繰り返しますが、「それが理系人間として、グローバル人材としての段階を登っていく上で、必ずや役立つ日が来ると確信しております」。

この項は理系向けの話だとお思いの文系の方もおられると思いますが、実は、少なくとも「Quantum Mechanics（量子力学）」の講義の数学は、線形代数を使ってはおりますが、言い換えると、それは、せいぜい0と1と虚数単位iの3つの内2つ同士（同じもの同士を含む）の掛け算を、ある順序に従って行うだけです。数学だと思わずに単なる記号操作だと思えば、文系の方でもついて行ける内容です。

その結果として、これからの社会に大きな影響を持ってくると思われる量子コンピューターも理解できるのですから、ぜひ「Quantum Mechanics（量子力学）」の講義だけでも視聴されることをお薦めします。

その上で『量子計算』もお読みになられることもお薦めします。この本で紹介される、「量子チューリング機械」も、単純な記号操作の仕組みの説明ですから、理系文系の区別なく、根気よく辿れば、誰にでも理解できるゲームのようなものですので、是非挑戦してみてください。そうすれば、文系としても、大きな新しい世界が一気に広がる経験をなさることでしょう。
(日経電子版 College Cafe「羅針盤 NEO」2015年5月8日付、2016年2月23日付を一部修正)

おすすめ教材

さっそく今日から英語の勉強をはじめよう！
そう思った人のために、
この本で取り上げたおすすめ教材を紹介します。
ここに掲載したものはあくまで一例です。読み比べるなどして、
ぜひ自分に合った1冊を見つけてください。

☑英語を読む

学校で絶対教えてくれない 超・英文解釈マニュアル

(かんべやすひろ/研究社)

21pの「文の先頭12パターン」を頭に入れておくと、スムーズに英文が読める。

☑単語を眺める

ニュース英語パワーボキャビル4000語

(小林敏彦/語研)

主要ニュースの50の分野から、4000語強を収録。

☑単語を眺める

ニュース英語パワーボキャビル3000語プラス

(小林敏彦/語研)

『ニュース英語パワーボキャビル4000語』の続編。主要ニュースの20の分野から、約3700語を収録。

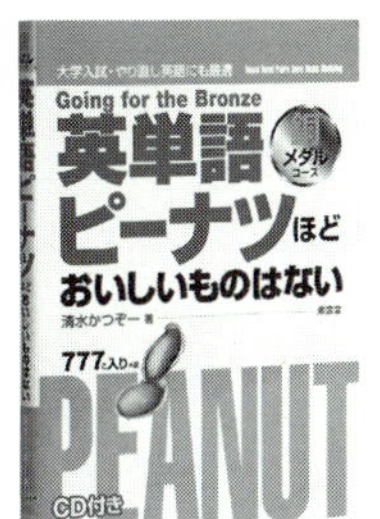

☑単語を眺める

英単語ピーナツほどおいしいものはない
銅メダルコース
（清水かつぞー／南雲堂）
「形容詞＋名詞」や「動詞＋名詞」などの２語の連語を777個収録。入門レベル。

☑単語を眺める

英単語ピーナツほどおいしいものはない
銀メダルコース
（清水かつぞー／南雲堂）
「形容詞＋名詞」や「動詞＋名詞」などの２語の連語を777個収録。中級レベル。

☑単語を眺める

英単語ピーナツほどおいしいものはない
金メダルコース
（清水かつぞー／南雲堂）
「形容詞＋名詞」や「動詞＋名詞」などの２語の連語を777個収録。上級レベル。

☑単語を眺める

発信型英語10000語レベルスーパーボキャビル

（植田一三／ベレ出版）

英字新聞、『タイム』、『ニューズウィーク』、ニュース英語放送のレベルの高い語彙を収録。

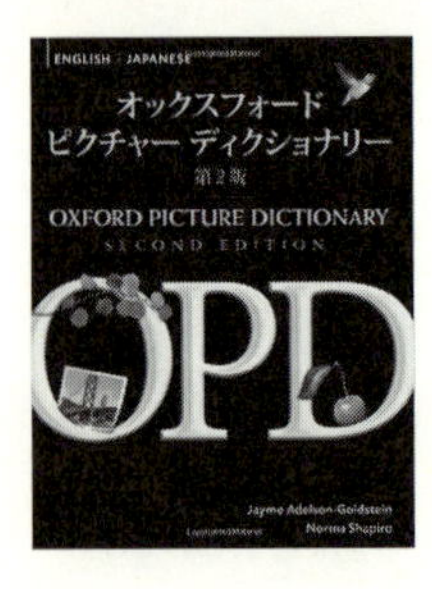

☑単語を眺める

Oxford Picture Dictionary

（Norma Shapiro, Jayme Adelson-Goldstein／Oxford University Press）

日常用語を中心とした約3700語を収録した英絵辞典。単語力に自信のない人は、ここから始めてみよう。

☑文法をおさらいする

NEW CROWN ENGLISH SERIES New Edition 1, 2, 3

（三省堂）

公立中学などで多く採用されている教科書。中1～中3まで。やり直しの英語に。

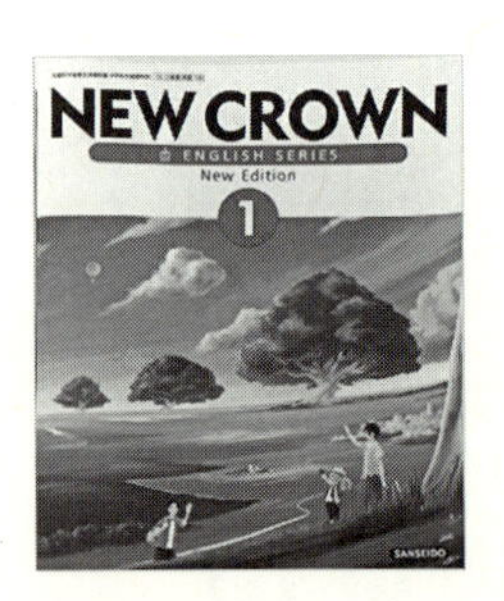

☑文法をおさらいする

完全準拠 三省堂 ニュークラウン
教科書ガイド1, 2, 3
(三省堂)
教科書が手に入らない場合は、
市販の教科書ガイドを入手する
という手もある。

☑英語を話す

1分間英語で自分のことを話してみる
(浦島久、クライド・ダブンポート/中経出版)
仕事や趣味など、自分に関する40のトピックを
収録。ここから自己紹介をアレンジしてみよう。

☑英語を話す

これで話せる英会話の基本文型87
(上野理絵/ベレ出版)
会話でよく使う87の「型」を、
例文と文法解説つきで掲載。
よく使う表現はそのまま丸暗記を。

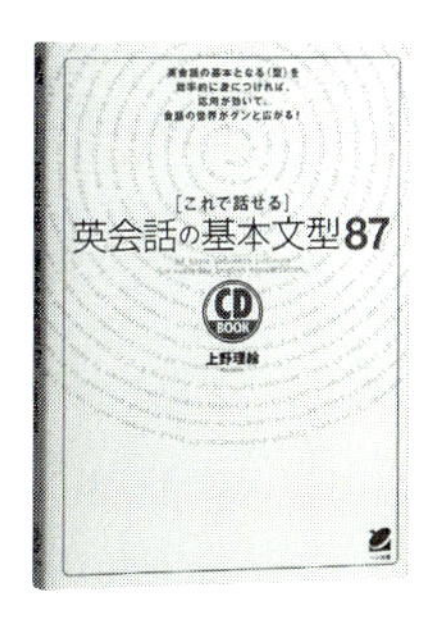

本書は、２００８年７月にダイヤモンド社から発行した
同名書を増補し、文庫化したものです。

nbb
日経ビジネス人文庫

村上式シンプル英語勉強法
使える英語を、本気で身につける

2016年11月1日 第1刷発行

著者
村上憲郎
むらかみ・のりお

発行者
斎藤修一

発行所
日本経済新聞出版社
東京都千代田区大手町1-3-7 〒100-8066
電話(03)3270-0251(代) http://www.nikkeibook.com/

ブックデザイン
鈴木成一デザイン室

印刷・製本
凸版印刷

Printed in Japan ISBN978-4-532-19809-1

nbb 好評既刊

渋沢栄一 100の金言
渋澤 健
「誰にも得意技や能力がある」「目前の成敗は人生の泡にすぎない」――日本資本主義の父が遺した、豊かな人生を送るためのメッセージ。

フランス女性は太らない
ミレイユ・ジュリアーノ
羽田詩津子＝訳
過激なダイエットや運動をせず、好きなものを食べて楽しむフランス女性が太らない秘密を大公開。世界300万部のベストセラー、待望の文庫化。

フランス女性の働き方
ミレイユ・ジュリアーノ
羽田詩津子＝訳
シンプルでハッピーな人生を満喫するフランス女性。その働き方の知恵と秘訣とは。『フランス女性は太らない』の続編が文庫で登場！

スノーボール 改訂新版 上・中・下
アリス・シュローダー
伏見威蕃＝訳
伝説の大投資家、ウォーレン・バフェットの戦略と人生哲学とは。5年間の密着取材による唯一の公認伝記、全米ベストセラーを文庫化。

サイゼリヤ おいしいから売れるのではない 売れているのがおいしい料理だ
正垣泰彦
「自分の店はうまい」と思ってしまったら進歩はない――。国内外で千三百を超すチェーンを築いた創業者による外食経営の教科書。

nbb 好評既刊

イラストレッスン ゴルフ100切りバイブル

「書斎のゴルフ」編集部＝編

「左の耳でパットする」「正しいアドレスはレールの上で」「アプローチはボールを手で投げるように」——。脱ビギナーのための88ポイント。

老舗復活「跡取り娘」のブランド再生物語

白河桃子

ホッピー、品川女子学院、浅野屋、曙——老舗復活の鍵は？ 14人の「跡取り娘」に密着、先代との発想の違い、その経営戦略を描き出す。

BCG流 戦略営業

杉田浩章

営業全員が一定レベルの能力を発揮できる組織づくりは、勝ち残る企業の必須要件。BCG日本代表がその改革術やマネジメント法を解説。

中部銀次郎 ゴルフの心

杉山通敬

「敗因はすべて自分にあり、勝因はすべて他者にある」「余計なことは言わない、しない、考えない」。中部流「心」のレッスン書。

増補版 遊牧民から見た世界史

杉山正明

スキタイ、匈奴、テュルク、ウイグル、モンゴル帝国……遊牧民の視点で人類史を描き直す、ロングセラー文庫の増補版。

nbb 好評既刊

ゴルファーは開眼、閉眼、また開眼
鈴木康之

コピーライターで、ゴルフ研究家としても知られる著者が、もっと上質なプレーヤーになるために役立つ賢者の名言を紹介。

ビジネス版 これが英語で言えますか
デイビッド・セイン

「減収減益」「翌月払い」「著作権侵害」など、言えそうで言えない英語表現やビジネスでよく使われる慣用句をイラスト入りで紹介。

中学英語で通じるビジネス英会話
デイビッド・セイン

文法や難しい言葉は会話の妨げになるだけ。上級の表現が中学1000単語レベルで簡単に言い換えられる。とっさに使える即戦スキル。

30の戦いからよむ世界史 上・下
関 眞興

歴史を紐解けば、時代の転換期には必ず大きな戦いが起こっている。元世界史講師のやさしい解説で、世界の流れが驚くほど身につく一冊。

ライバル国からよむ世界史
関 眞興

隣国同士はなぜ仲が悪いのか。中東紛争からロシアのウクライナ侵攻、日韓関係まで、代表的な20の事象から世界情勢をやさしく紐解く。

日経ビジネス人文庫 好評既刊

禅が教えるビジネス思考法
枡野俊明

できる人と思われたい、部下の面倒を見られない、何のために働くのかわからない――。曹洞宗建功寺の住職がビジネス人の悩みに答える。

営業マンこれだけ心得帖
馬渕 哲・南條 恵

論理明快な営業マンより、少しトボケた営業マンのほうが成功する。結果を残す営業マンになるための勘所をマンガとともに解説。

ユナイテッドアローズ 心に響くサービス
丸木伊参

我々が目指すのは優良企業ではない、不滅の商店である――神話となったサービス事例や店員の行動原則を示した理念ブックを紹介。

100年デフレ
水野和夫

デフレはもう止まらない！ 2003年の刊行当時に、長期デフレ時代の到来を予測し、恐ろしいほど的中させた話題の書。

人々はなぜグローバル経済の本質を見誤るのか
水野和夫

20世紀後半に進展した情報技術とグローバリゼーションによって築かれた新たな世界経済の姿を、膨大なデータと歴史分析で描く注目の書。